# LE POT-POURRI

## DE

## VILLE-D'AVRAY.

# LE POT-POURRI

## DE

## VILLE-D'AVRAY.

Ducere sollicitæ jucunda oblivia vitæ.
HORAT.

## A PARIS,

### DE L'IMPRIMERIE DE MONSIEUR.

Aux dépens de l'Auteur, & pour ses seuls amis.

## M. DCC. LXXXI.

# A MADAME
# LA DUCHESSE DE P.

---

*Ce Recueil que vous m'avez permis de vous offrir, Madame la Duchesse, contient les plus doux souvenirs de ma vie. Il me rappelle & les graces de votre enfance, et la gaieté de mes belles années. Pour oser vous faire hommage de ces bagatelles, il falloit me reporter à Verderone. Là mes premiers couplets chantèrent l'amitié et la reconnoissance. Vous avez dans le palais des Rois élevé un temple à la première : elle s'y plaît avec vous. Puissiez-vous l'habituer à cette résidence qui lui fut long-tems étrangère ! Je lui offre aussi quelques hymnes dans une chapelle rustique, autour de laquelle on n'entend point siffler les*

a iv

serpens de l'envie. Souffrez la douce liberté que m'inspire un attachement qui date de votre berceau. Si je vous louois, vous seriez peut-être la seule qui me connoîtriez assez, pour savoir que je ne vous flatte pas ; mais ce vieux et tendre respect que j'ai pour vous ne peut prendre, même dans une Epître dédicatoire, ce langage des Cours qui ne fut jamais le vôtre. Je vous présente de vieilles fleurs, des chansons que vous saurez rajeunir, des vœux qui n'ont pas besoin de l'être ; et j'aurai obtenu de vous tout ce que j'attends de vos bontés, si, dans un tems où il ne m'est plus possible de vous chanter, je suis assez heureux pour imaginer que vous me chantez encore.

# AVERTISSEMENT
## DE L'AUTEUR.

J'AUROIS pu, comme tant d'autres, me laisser dérober ces bagatelles, en faire ensuite des excuses au Public, & jouir cependant du petit plaisir de m'entendre encore nommer dans ces sociétés qui firent autrefois le charme de ma vie, et parmi lesquelles jusqu'à ma mort je compterai des amis.

Je ne démentirai jamais la franchise de mon caractère. Voici le vrai de cette édition, dont j'avoue que je serai surpris moi-même, et à laquelle cependant j'ai consacré à peu près les mêmes momens que je donnois autrefois aux pièces dont elle sera composée.

a v

Je conçois aisément que plusieurs de mes amis, peu curieux de Droit public, aiment mieux mes chansons que mes recherches sur l'histoire; car, moi-même, il y a tel moment où je donnerois la plus curieuse et la plus importante dissertation, pour un quart d'heure de gaieté. Ces amis donc, depuis long-tems, me redemandoient ces vieilleries oubliées, mais qui les ont amusés autrefois. Tout cela ne valoit pas la peine d'un refus. Je promettois, mais je n'avois jamais le tems de tenir : il eût fallu pour cela d'autres recherches, qui eussent trop coûté à ma paresse, précisément parce que je savois la vaincre pour d'autres occupations.

Ma santé et celle des personnes qui m'étoient le plus chères, ont exigé que, pendant une partie de l'hiver, je fisse trève avec des travaux qui commandent l'attention la plus continuelle et la plus fatigante. J'ai senti le besoin de quelque délassement; et n'ayant plus, dans cette saison, les fleurs de mon jardin, j'ai été obligé de m'occuper de celles de mon porte-feuille. Pauvres roses fanées! dans quel état je vous ai trouvées! Mais qu'étiez-vous donc pour moi dans le bel âge, puisque l'urne qui contient vos cendres a réjoui mon imagination, rappelé ma gaieté, et réveillé en moi ce desir de plaire, mon ancienne, peut-être mon unique passion, et qui m'a sauvé des dangers de tant d'autres? En repassant sous mes yeux les amusemens de ma jeunesse, j'ai senti combien ma vieillesse devoit de reconnoissance à cette société respectable et douce qui, j'ose le dire, acheva mon éducation, et n'eut pas besoin de me dégoûter de la mauvaise compagnie, dont elle me laissa toujours ignorer et les plaisirs et les vices. Je ne paierai jamais ce bienfait, mais j'ai cru du moins devoir prouver que je l'ai senti ; et le petit présent que je fais à tant de personnes qui me seront toujours chères, est encore pour moi une vraie jouissance, car elle me rappelle celles de ma vie qui m'ont été le plus agréables.

Voilà en peu de mots et l'occasion et les motifs de cette petite édition. Ce n'est point un ouvrage que j'offre au Public. Quel intérêt pourroit-il prendre à ces bagatelles ? C'est un souvenir tendre que je donne à mes anciennes sociétés, c'est une offrande que je présente à l'amitié ; c'est une espèce de *Pot-pourri*, dans lequel je veux que chacune des Belles que j'ai chantées, reprenne les débris de la fleur qui fut pour elle. Ce petit volume ne contiendra que des riens; mais ce qui est encore beaucoup pour moi, c'est le souvenir de la gaieté qui les produisit, et le sentiment de la reconnoissance qui les publie.

Ce que je viens de dire me dispense même de solliciter l'indulgence de mes amis pour les *vers innocens* que je leur présente; et sur cela, voici franchement ma manière de voir et de sentir.

J'ai toujours fait grand cas de ces bêtises de société qui font rire, et je serois bien fâché d'avoir été condamné de bonne heure à me les interdire toutes; à cet égard je prétends bien user, et peut-être encore abuser dans ma vieillesse de la permission que j'ai prise autrefois : cela est nécessaire à ma santé, comme à celle de ma femme; et si, au milieu de mes vergers, il m'échappe encore quelques couplets, je veux avoir le droit de les faire aussi plats qu'il convient à mon régime.

Mais il faut convenir que ces bagatelles qui, hors de la société qui les a enfantées, seroient ou ridicules, ou ennuyeuses, le deviendroient à plus forte raison dans un livre qu'un Auteur viendroit gravement donner au Public; et personne n'en a été plus convaincu que moi, lorsque j'ai parcouru et jugé ces plaisanteries, dont plusieurs étoient sorties de ma mémoire. Si la vanité d'Ecrivain avoit eu quelque part à leur composition; de toutes les pièces de ce Recueil, il y en auroit au plus vingt que j'eusse données, même à mes amis: il n'y en a guère que douze que j'eusse laissé imprimer. Mais il est pour les ames douces et sensibles une autre vanité bien excusable; c'est celle de plaire à des gens respectables qui vous aiment, qui vous le disent, qui vous le prouvent. Le moyen qu'il y ait avec ces gens-là des prétentions à l'esprit! L'ami est alors trop heureux de faire rire, fût-ce aux dépens de l'auteur.

Voilà en peu de mots et mon caractère et mon excuse. Dès que quelques personnes auxquelles je n'ai rien à refuser réclamoient le droit de fouiller dans mon vieux porte-feuille, il me semble que je pouvois leur dire, ce droit-là vous est commun avec bien d'autres. Voulez-vous que je sois Auteur ? je n'ai pas à vous donner une feuille d'impression, et cela n'en vaut pas la peine. Est-ce un vieux ami que vous venez harceler? vous rappellerez-vous avec plaisir cet âge où l'on rit

de rien, et où l'on est content de tout?
J'ai plus de cent cinquante pages à vous
présenter; mais, bon ou mauvais, chacun
doit avoir sa part : ce ne sont pas de jolies
pièces que je vous offre, ce sont des souvenirs agréables.

Un exemple va faire mieux sentir encore ce que je veux prouver. Cette *petite
Foire de S. François*, qui chez Madame la
Princesse d'Arm. ** donna lieu à tant de
Chansons; quel mérite, quel intérêt peut-
elle avoir aujourd'hui aux yeux des personnes qui n'ont rien vu de tout cela?
Ces Couplets qui nous paroissoient char-
mans, sont peut-être ceux de tout ce Recueil où l'on trouvera le moins de sel. Mais
la famille, mais la société de cette femme
respectable, mais ces amies qui, vêtues
alors en marchandes, et portant des cor-

beïlles de fleurs, de fruits, de rubans, chan-
toient avec tant de joie la reconnoissance
et l'amitié , n'éprouveront-elles pas du
moins un moment d'attendrissement, lorsque je remettrai sous leurs yeux les ex-
pressions de cet hommage naïf qu'elles
rendoient à la vertu et à la bienfaisance?
Heureux l'homme à qui sa vie ne rappelle
que des plaisirs de cette nature ! Heureux
celui pour qui c'en est encore un de se les
rappeler !

On voit maintenant pourquoi, dès le
frontispice de ce petit Recueil, j'ai annoncé
qu'il n'étoit que *pour mes seuls amis*. On
voit pourquoi il ne doit être donné qu'à
un très-petit nombre de personnes (*a*), &

(*a*) Les seules personnes qui seront en droit de me
demander un exemplaire de ce petit Recueil, seront
celles qui pourront m'y montrer un vers fait pour
elles.

jamais exposé en vente pour le Public. On voit pourquoi je me suis permis les notes, qui peut-être ajouteront à mes Chansons quelque degré d'intérêt par la peinture du sentiment qui les dicta. J'ai eu une vraie satisfaction à rassembler ces débris, ils ont réveillé ma sensibilité, & mon *Pot-pourri* a reçu quelques-unes de mes larmes. O mes amis ! ne m'en demandez pas la raison.....

Il y a long-tems que j'ai passé l'âge des amusemens et des fleurs. Je suis à ma récolte : sachez-moi gré de ce moment de distraction auquel je me suis livré pour vous plaire. Laissez-moi retourner à des travaux sérieux, auxquels j'ai dû consacrer le reste de ma carrière. Vous m'avez aimé, et vous eussiez, comme tant d'autres, supporté ma vieillesse, si j'avois cru

qu'elle vous fût bonne à quelque chose ;
pardonnez-moi ma retraite, où j'ai fait
plus et mieux peut-être que je n'eusse fait
avec vous et pour vous. Je vous rends
aujourd'hui toutes ces plaisanteries que
vous m'inspirâtes ; mais ne me demandez
plus rien en ce genre. Mon imagination
n'est pas encore triste, mais elle est ré-
froidie. J'ai parcouru de vastes contrées
désertes ; j'ai suivi de près plus de vingt
Rois, dont vous ne vous souciez guère.
Robert, Henri, Philippe I, voilà les sou-
verains dont je fréquente aujourd'hui la
cour ; et je vis avec vos ancêtres, dont
je suis bien moins content que je ne l'étois
de vous. Je conviens que leur fatigante
société n'est pas à beaucoup près si amu-
sante que la vôtre. Si je me hâte donc

d'aller les rejoindre, ce n'est pas pour mon plaisir, mais pour instruire vos enfans, et pour rendre votre postérité encore meilleure que vous, si cela est possible.

LE

# LE POT-POURRI

## DE

## VILLE-D'AVRAY.

## VERS

*Adressés à un Ami septuagénaire, par une*
*Femme qui l'étoit aussi.*

IL est tems, M***, de couronner tes feux;
Unissons nos destins, l'amour nous y convie:
Puisse de son flambeau la lumière chérie
Éclairer soixante ans un hymen vertueux,
    Et de l'automne de ma vie
    Faire un printems délicieux!

A

D'un moment ou d'un jour mon choix n'est pas l'ouvrage
Je suis dans l'heureuse saison
Où le cœur, plus libre et plus sage,
Ne se livre que par raison,
Et ne craint point, lorsqu'il s'engage,
Ni changement ni trahison.

Sous la neige des cheveux blancs,
Il reste de l'amour encor quelque étincelle :
A soixante et dix ans rarement on est belle,
Mais on peut aimer à cent ans.
Philémon adoroit, dans une paix profonde,
Les charmes surannés de la tendre Baucis ;
Et la Mère des dieux, plus vieille que le monde,
Soupiroit encor pour Atys.

Plus tendre que Baucis, plus jeune que Cybèle,
Antique et cher amant, je t'engage ma foi :
Tu feras le bonheur d'une épouse fidèle ;
Et si le tien dépend de moi,
Jamais époux d'une immortelle,
Ne sera plus heureux que toi.

On ne me verra point, inconstante ou perfide,

De tes jeunes rivaux écouter les soupirs ;

La pâle Jalousie, au regard homicide,

Jamais ne troublera ma paix ni tes plaisirs.

De ta fidélité ton épouse assurée

Bannira les soupçons et les lâches soucis,

Sans craindre de ta part les fureurs de Térée,

Ni le trait malheureux de l'amant de Procris.


    Ainsi, filés d'or et de soie,

Puissent couler nos jours dans le sein du repos !

Puissions-nous de l'amour ne goûter que la joie,

Sans en sentir jamais les dégoûts et les maux !

    Et dans cette heureuse contrée,

Puisse notre union faire revivre encor,

    Et les amans du tems d'Astrée,

    Et les époux de l'âge d'or !


    Cette plaisanterie est l'une des plus anciennes que j'aie trouvée dans mon vieux porte-feuille vert : parmi une trentaine d'autres de la même époque, je n'ai fait grace qu'à celle-ci, en faveur du lieu et des amis qu'elle me rappelle. J'étois à Chastellux en 1744.

Il y avoit réellement dans le voisinage une femme très-âgée, qui depuis vingt ans écrivoit toutes les semaines en mauvais vers à un ami de son âge. Un jour que celui-ci étoit à table avec nous, il reçut la lettre galante que l'on vient de lire, et la crut de la dame; *Inde risus.* Ce mot vaut bien celui de Virgile, dont on fait si souvent l'application dans le monde, *Inde iræ.*

## A MADAME LA M. DE R.

*Quétant au Bon-Pasteur.*

QUAND les Beautés dans ces murs retenues
Faisoient de cœurs et moissons et recrues,
Point ne manquoient des trésors de Plutus.
Après mainte campagne, Amour n'en voulut plus :
Bien leur donna la croix et la retraite ;
La pension tout net il oublia,
  Dont sa mère peu satisfaite,
  Vigoureusement le tança.
Que fit l'Amour ? D'abord il allégua
  Son imprudence et sa jeunesse ;
Puis humblement supplia la déesse,
De vouloir bien quêter pour le pauvre troupeau :
Elle y consent ; et voici la journée
Qu'à si bonne œuvre Amour a destinée.
Devant sa mère il porte le flambeau :
Or, ne pouvoit plus heureuse ressource,
Du dieu malin faire briller l'esprit ;

Car de sa quête aura double profit,
Cœurs dans ses fers, et trésors dans sa bourse.

Cette plaisanterie est de 1749, et fut faite dans
la société de Madame la Comtesse d'A....

# A MADAME LA C. D'AND.

## En lui envoyant des Fleurs.

Au siècle d'or, l'amant tendre et sincère,
Ainsi qu'aux dieux, offroit à sa bergère
Les fruits de ses vergers, et les fleurs de ses champs.
Cet heureux tems n'est plus : l'insolente richesse
De nos jardins dédaigne les présens ;
L'éclat de l'or, celui des diamans,
Savent masquer une fausse tendresse,
Et font passer de faux sermens.
O tems ! ô mœurs que je regrette !
Nature, on t'enlève tes droits.
L'amour se donnoit autrefois,
Aujourd'hui le plaisir s'achète.
Doris, vous connoissez mon cœur,
Et vous en êtes adorée :
J'aime comme on aimoit dans le siècle d'Astrée,
J'ai droit de n'offrir qu'une fleur.

# CHANSON

## A MADAME LA M. DE R.

AIR: *De tous les Capucins du monde.*

### 1.

Papillon charmant et volage,
De tout ce qui plaît à son âge
Églé n'ignore que l'amour:
D'un vif et léger badinage,
Tout berger l'amuse à son tour;
Je n'en vois aucun qui l'engage.

### 2.

Son teint a la fraîcheur de Flore;
Aussi brillante que l'Aurore,
Elle embrasse soir et matin
Un vieux époux plus tendre qu'elle;
Et pour être l'Aurore enfin,
Céphale seul manque à la Belle.

### 3.

Si tu pouvois, dieu de Cythère,

Fixer cette nymphe légère,

Et lui donner un favori,

Pour tes traits quel honneur suprême!

Mais, dût-elle aimer son mari,

Je voudrois voir comment elle aime.


Ces trois couplets furent faits chez Madame la
Comtesse d'A . . . en 1749.

## A M<sup>me</sup> LA COMTESSE D'A.

*En lui envoyant pour étrennes deux Rats.*

1<sup>er</sup> Janvier 1750.

CHARMANTE Églé, bien mieux qu'un logogryphe,
Devinerez l'emblême que voici.
Sur un même duvet ces rats couchés ainsi
Sont de notre bonheur le vrai hiéroglyphe.

Rats de tout tems dans l'univers
Ont fait le beau tems et la pluie :
Qu'ils soient d'accord, l'Amour et la Folie
Amènent sur leurs pas mille plaisirs divers :
Que leur union soit troublée
Par le plus frivole tracas,
Plus d'une Belle est désolée,
Plus d'un Amant fait grand fracas.
Adieu tendresse, amour, estime ;
Et la moitié du genre humain,
N'est que trop souvent la victime
D'un rat discourtois ou mutin.

Donc par raison, ou fantaisie,
Si vous voulez, jeune Églé, du bonheur
Vous applanir la route peu suivie,
Ayez des rats; il en faut dans la vie.
Mais, sans chagrin et sans humeur,
Premièrement, souffrez les vôtres;
Puis, lorsqu'entre eux ils seront bien unis,
Sans trop gloser sur ceux des autres,
Amusez-vous de ceux de vos amis.

# A MADEMOISELLE DE B.

## CHANSON.

AIR : *Où allez-vous, Monsieur l'Abbé ?*

### 1.

Très-volontiers j'aurois chanté
Une jeune et tendre Beauté ;
En pareil cas ma muse,
    Eh bien !
Jamais n'usa d'excuse ;
    Vous m'entendez bien.

### 2.

Mais d'un vieux visage voilé,
Chanter le triste jubilé !
Phébus sur l'étiquette,
    Eh bien !
A battu la retraite ;
    Vous m'entendez bien.

### 3.

Elle a donc soixante et six ans,

La

La doyenne de vos mamans;
Dans la vie éternelle,
Eh bien !
Elle entrera pucelle ;
Vous m'entendez bien.

## 4.

Saison des jeux et des amans,
De B.... le joli printems,
Vaut mieux que les cinquante,
Eh bien !
Qu'elle veut que je chante,
Vous m'entendez bien.

L'historiette de cette folie est que Mademoiselle de B.... avec qui j'avois soupé la veille, m'écrivit le jeudi gras 1750, et me demanda en grace de lui faire une jolie chanson, pour célébrer la cinquantième année de profession d'une religieuse de ses amies : ces couplets furent reportés par le domestique qu'elle avoit chargé de sa lettre.

# ISMÈNE,

## A M^me LA COMTESSE D'AND. en 1751.

## CHANSON,

Sur l'Air : *Colinet venant du hameau.*

### 1.

Amitié, c'est toi que je peins ;
Je vais chanter le cœur d'Ismène :
Trop long-tems tu causas sa peine,
Viens lui rendre des jours sereins :
Que ton pouvoir doit être extrême
Dans ce cœur où brulent tes feux !
Car, quand tu brilles dans ses yeux,
On te prendroit pour l'Amour même.

### 2.

Sans se montrer, sans se cacher,
Comme une fleur qui dans la plaine
Souffre, sans plaisir et sans peine,
Que nos yeux aillent l'y chercher ;
Ismène ne sent point l'envie
De mettre un amant sous ses loix ;

Jamais elle ne fit un choix,
Mais tous nos bergers l'ont choisie.

### 3.

Qui la voit, croit n'être enchanté
Que par ses regards pleins de flâme;
Mais qui peut lire dans son âme,
Ne pense plus à sa beauté;
Et quand sur ses lèvres de rose
La douce Raison vient s'asseoir,
L'Amour soumis à son pouvoir,
Chérit jusqu'aux lois qu'elle impose.

### 4.

Je l'aimerai dans mes beaux jours;
Je l'aimerai quand la vieillesse (1)
Viendra, sous le nom de sagesse,
Glacer tous mes autres amours:
Les feux dont je brûle pour elle,
Survivront à tous mes desirs;
Et le dernier de mes soupirs
Sera leur dernière étincelle.

(1) Je lui ai tenu et je lui tiens encore parole.

B ij

# LES MASQUES,

## CHANSON,

Sur l'Air : *C'est sa première campagne.*

Masquons-nous, (a) Momus nous y convie :

C'est la mode de la Cour ;

On y masque aujourd'hui le génie,

Et les talens, et l'amour :

Un vain dehors toujours y tient lieu d'être,

Oh ! lon lan la !

Sous ce masque-là,

Qui pourroit les reconnoître ?

2.

A la ville on suit le même usage,

Et tout se masque à Paris ;

Faux sermens aux belles qu'on engage,

Faux zèle pour ses amis :

(a) Cette Chanson fut faite à Rosny , à l'occasion d'une mascarade qui nous amusa , dans le Carnaval de 1754, pendant l'exil du Parlement.

La vérité n'oseroit y paroître,
Oh! lon lan la!
Cette prude-là,
Qui voudroit la reconnoître?

3.

La coquette au cœur froid et volage,
Qui ruina vingt amans,
Pour jouer encore un personnage,
Est dévote à cinquante ans :
Un directeur pour lors s'en rend le maître,
Oh! lon lan la!
Sous ce masque-là,
Qui pourroit la reconnoître?

4.

L'esprit faux, incertain et timide,
Après maint et maint effort,
Prend des mains de l'orgueil qui le guide,
Le masque de l'esprit-fort :
On l'applaudit; ce qu'il semble il croit l'être,
Oh! lon lan la!
Sous ce masque-là,
Qui pourroit le reconnoître?

B iij

**5.**

Sur la scène où régnoit l'harmonie
Et la majesté des sons,
Quelle main a chargé Polhymnie
De l'attirail des bouffons?
Divin Lully, si tu pouvois renaître,
Oh! Ion Ian Ia!
Sous ce masque-là,
Pourrois-tu la reconnoître?

**6.**

Un grand Prince est de l'Académie;
Voltaire est historien;
Un guerrier, acteur de comédie,
Ou mauvais musicien:
Un avocat veut être petit-maître,
Oh! Ion Ian Ia!
Sous ces masques-là,
Qui pourroit les reconnoître?

**7.**

Un Traitant sorti de la poussière,
Est bientôt Comte ou Marquis;

Le marchand fait son fils Mousquetaire ;

Cléon danse en cheveux gris ;

D'un chou pommé, C*** fait un prêtre :

Oh ! lon lan la !

Sous ces masques-là ,

Qui pourroit les reconnoître ?

### 8.

Le vrai beau , de la simple nature

Fut autrefois le tableau ;

Aujourd'hui l'esprit la défigure ,

Il est le masque du beau ;

Dans nos écrits elle n'ose paroître ,

Oh ! lon lan la !

Sous ce masque-là ,

Pourrions-nous la reconnoître ?

### 9.

Aimons-nous , jeune et belle Silvie ,

Ne craignons point les jaloux ;

Dussions-nous au monde faire envie ,

Jeune Silvie , aimons-nous :

Aux tendres feux que nous ferons paroître,
Oh! lon lan la!
Peu m'importera
Qu'on puisse nous reconnoître.

# VERS

## FAITS A BRUYERES CHEZ M. LE P. P.

### le 23 d'août 1754,

*Sur la naissance de M<sup>r</sup> le Duc DE BERRY,*
*( le Roi aujourd'hui ) au moment où le retour*
*du Parlement, exilé en 1753, venoit d'être*
*décidé.*

ASTRE naissant, dont la lumière
Doit aujourd'hui des lois éclairer le retour ;
Pour te voir commencer ta brillante carrière ,
Quel moment plus heureux eût choisi notre amour !
    Le ciel est pur et sans nuage,
    Les vents se taisent dans les airs ;
    Tranquille après un long orage ,
Le timide Alcyon s'élève sur les mers :
Thémis arrive au port ; elle voit de la rive
Cet astre dont l'aurore amena les beaux jours.
Sur un berceau de fleurs qu'entourent les Amours,

Louis fixoit alors une vue attentive,

Et du héros naissant consultoit les destins.

Il apperçoit Thémis, l'enfant lui tend les mains;

Le Monarque sourit à cet heureux présage.

       Peuples, ce sourire est le gage

Qui répond à vos vœux du bonheur des humains.

La circonstance du retour du Parlement qui revenoit alors d'exil, fit la fortune de ces vers. Revenu à Paris, je trouvai gravé un beau médaillon qui représentoit le retour de la Justice, et au bas duquel on avoit aussi gravé les vers anonymes. En 1775, on a été rechercher ce médaillon, et on l'a produit comme une prédiction de l'heureuse révolution de cette année. Bien des gens ne se doutoient pas que je fusse le prophète.

# INSCRIPTION.

La ville de Coulange, qui fournit un des meilleurs vins de l'Auxerrois, et où jusqu'au bas des murs il n'y a pas un pouce de terre qui ne soit couvert de vignes, avoit beaucoup de vin et pas une goutte d'eau.

Feu M. le Chancelier d'Aguesseau, qui avoit autrefois possédé cette terre, y avoit envoyé un Ingénieur auquel on dut la découverte d'une source. Sous son successeur on trouva le moyen de la conduire jusques dans la ville, et en 1754 on projeta de décorer cette nouvelle fontaine.

Un ecclésiastique du diocèse d'Auxerre fit cette inscription latine :

*Hîc Bacchum et Lymphas conjunxit fœdere certo*
*Connubialis amor ; tu semper utrumque marita.*

Je traduisis cette inscription par ces vers :

Un hymen éternel, sur ces riches côteaux,
Unit le dieu du vin à la nymphe des eaux.
Habitans fortunés de ce séjour aimable,
Ne séparez jamais ces deux divinités,

Et que toujours Bacchus, sur votre table,

Ait son épouse à ses côtés.

Mais dès le soir même on appela comme d'abus de ce mariage, et cette plaisanterie produisit la Chanson qui suit.

# CHANSON

Sur l'Air : *Prends, ma Philis, prends ton verre.*

### 1.

QUEL hymen triste et sauvage

Pour un dieu tel que Bacchus !

Amis, de ce mariage

Appelons comme d'abus :

C'est sans doute un Janséniste,

Dont la muse rigoriste

Imagina tout cela.

Je veux qu'en moins d'une année,

Cette belle union-là

Ait le sort de l'hymenée

Du noir époux d'Honesta.

### 2.

Mais si Bacchus à la belle

Pour

Pour jamais étoit lié,

Seroit-il toujours fidèle

A sa trop froide moitié?

Un époux de sa naissance,

D'une sotte dépendance

Ne s'affranchiroit-il pas?

Et pense-t-on que sa femme

Ait pour lui de tels appas,

Qu'il ne puisse sans la dame

Paroître dans un repas?

### 3.

Non, le dieu de la vendange

Est un dieu trop bien appris,

Pour ne pas suivre à Coulange

Les usages de Paris.

Que la déesse de l'onde

Contre lui tempête et gronde,

Bacchus s'en consolera;

Et tandis qu'à la fontaine

La nymphe murmurera,

A cette table sans peine

Son époux nous suffira.

C

# LE LIT DE JUSTICE,

## IM-PROMPTU

### FAIT POUR MADAME DE ***,

*qui m'en demandoit une définition.*

Par les liens sacrés d'une illustre hyménée,
Au Pouvoir souverain la Justice enchaînée,
Fit jadis le bonheur des peuples et des Rois :

    Dans le sanctuaire des lois,
    Amour plaça le lit auguste,
    Où ces deux époux immortels
    D'un accord aussi doux que juste
    Scellèrent les nœuds solemnels.
    Des vœux d'une moitié si sage
    Tant que l'époux connut le prix,
    De leur fortuné mariage

L'abondance et la paix furent les heureux fruits ;
Mais enfin le Pouvoir cessa d'être fidèle ;
Et, tout dieu qu'il étoit, il changea comme nous :

Il sentit succéder, dans son âme rebelle,

Les dégoûts aux plaisirs, et la haine aux dégoûts.

Depuis ce tems, sa couche nuptiale

Se garde encore au temple de Thémis,

Comme de Dagobert le trône antique et sale

Est au trésor de Saint-Denis.

Là, la Justice abandonnée,

Pleure sa honte et ses ennuis ;

C'est encor le lit d'hyménée,

Mais les amours en sont bannis.

# A MADAME LA M. DU P. B.

## COUPLET

### FAIT A LIVRY EN 1755.

Non, ce n'est point l'éclat des fleurs
Qui doit célébrer votre fête ;
C'est le tendre hommage des cœurs,
Et c'est lui que ma voix répète.
Quand Pomone nous enrichit,
Sur son déclin Flore est moins belle ;
Mais plus notre estime vieillit,
Plus l'amitié paroît nouvelle.

# A MADEMOISELLE DE R.

## CHANSON

Sur l'Air : *Tendre fruit des pleurs de l'Aurore.*

Bergers, quand cette aimable Fée,
Sûre de vous donner des loix ,
Unira la lyre d'Orphée
Aux tendres accords de sa voix,
Dans ses yeux l'amour le plus tendre
Viendra répandre sa langueur ;
Mais n'allez pas vous y méprendre,
L'amitié seule est dans son cœur.

L'amour n'auroit pu la séduire,
Elle en eût annobli l'ardeur ;
Sans en éprouver le délire,
Elle en eût senti la chaleur :
Aujourd'hui je pense comme elle,
Car, en la voyant, j'ai promis
De n'être amant d'aucune belle,
Si je suis l'un de ses amis.

✠

C iij

# L'ORIGINE DE LA SOCIÉTÉ.

## A M<sup>lle</sup> DE N.

## CHANSON,

Sur l'Air : *Dans un Verger près du hameau.*

### I.

QUAND les humains, dans les forêts,
Vivoient sans mœurs et sans regrets,      *bis.*
De leur cœur sauvage
Le premier hommage
A la beauté
Fut rendu sans partage :
Qui n'eût été
Par elle dompté ?      *bis.*

### 2.

Ce n'étoit rien encor, dit-on,
Sans la musique d'Amphion ;      *bis.*
A sa voix puissante,
Dans Thèbes naissante,

On vit courir
Une foule riante,
Que le plaisir
Faisoit obéir.                    *bis.*

### 3.

Que ne peut-on, comme autrefois,
Errer encore au fond des bois !        *bis.*
Vous auriez, Thémire,
Au premier empire
De justes droits ;
Vos yeux et votre lyre
Nous auroient faits
Vos premiers sujets.              *bis.*

# LES AUTEURS,

## CHANSON.

Cette plaisanterie est de 1756; elle fut faite dans une maison de campagne près de Corbeil. Nous étions plusieurs gens de lettres, occupés à nous faire imprimer; l'abbé Vély, son *Histoire*; M. Goguet, conseiller au Parlement, son *Origine des lois, des arts et des sciences*; moi, mon *Observateur*. On nous railloit sur l'importance que nous mettions à la correction de nos épreuves. Rentrant un soir de la promenade, nous trouvons le sallon illuminé; un festin plus splendide nous attendoit; tout avoit l'air d'une fête. On se met à table, et le maître de la maison nous assure que ce jour est la fête des Auteurs. Nous ignorions tous notre patron: on nous laisse bien deviner; ensuite nous cherchons dans le calendrier, où nous trouvons *saint Modeste*. La soirée fut gaie : on but d'excellent vin, et cette Chanson fut faite à table.

### I.

Silvie exige une chanson,
Elle a payé ma peine :
Son regard est mon Apollon,

Il échauffe ma veine,
Et ce vin vaut bien un flacon
D'eau d'Hypocrène.

2.

Savans, qui cherchez au plaisir
Ce qui nous détermine,
Il me suffit de le sentir
Auprès de ma voisine,
Et je vous laisse définir
Son origine.

3.

Vous avez des faits et des tems
La plus vaste science;
Je ne connois d'heureux instans
Dans cet espace immense,
Que ceux où près d'elle je sens
Mon existence.

4.

De tous les pays que décrit
Votre cosmographie,
Il ne faut qu'un petit réduit
A ma philosophie,

Où je puisse plaire sans bruit
A ma Silvie.

5.

On bâille avec tous les Auteurs;
Avec elle on soupire:
Portèz donc chez les Imprimeurs
Votre savant délire;
Dans le recueil de ses faveurs
Laissez-moi lire.

6.

Quand de nos amours nous voudrons
Faire imprimer les preuves,
Par semaine nous donnerons
Trois éditions neuves,
Et très-souvent nous reviendrons
A nos épreuves.

# LE REVERSIS,

## VERS

### ÉCRITS AU DOS D'UN VALET DE CŒUR,

#### et envoyés

## A MADAME DE L***,

*Le lendemain de plusieurs parties de Reversis.*

Cesse de me mettre à la gêne,
Fuis, Quinola, fuis, dangereux vaurien ;
Des cœurs va rejoindre la reine :
Parle-lui, si tu veux, du mien ;
Elle est aussi sa souveraine,
Et la friponne le sait bien.
Mais qu'en te voyant elle apprenne
Ce qu'elle doit faire du sien.


Une veuve a beau se défendre ;
Vainement elle *esquiche*, il faut rentrer en jeu.

Il est des cœurs que l'on craint peu ;
Plus on en tient, et plus on veut attendre.
Toujours il en reste un qu'on n'avoit pas compté ;
A ce dernier il faut se rendre :
Tel est le sort de la beauté.

A

# A MADEMOISELLE DE C.

qui cherchoit la bonne aventure dans des Cartes.

## COUPLET,

Sur l'Air : *Sainte Modeste.*

Ma destinée
Cause peu mes soucis ;
Elle est bornée
A l'instant où je vis :
J'aime, je vois Doris ;
Sa bouche d'un souris
Répond à ma pensée ;
Et dans ses yeux je lis
Ma destinée.

D

# A MA FEMME,

Le 1<sup>er</sup> jour de l'An mil sept cent soixante.

## COUPLET,

Sur l'Air : *Sainte Modeste.*

La bonne année
A commencé du jour
Que l'hyménée
Couronna notre amour :
Par les plus tendres feux,
Et par les plus doux nœuds,
Oui, tu me l'as donnée,
Cher objet de mes vœux,
La bonne année.

# L'ÉPITAPHE DU PLAISIR.

## A MADAME **,

*Six mois après son Mariage.*

L'AMITIÉ, le Plaisir, l'Amour,
Vivoient unis avant ton mariage ;
Tous les trois te faisoient leur cour,
Et tu tenois, Eglé, leur paisible ménage :
Hymen survint, s'endormit ou gronda ;
L'Amour lui fit, par-ci par-là,
Beaucoup de peur, peu de dommage.
De la part d'un enfant volage,
C'est marché donné que cela ;
Mais l'Amitié le reprocha.
Que fit le Plaisir ? il bouda.
Pour rétablir la paix ou prévenir la guerre,
Jupiter à chacun assigna son logis :
Hélas ! il sépara des Dieux qui, mieux unis,
Feroient le bonheur de la terre.
L'Amour fut logé dans tes yeux ;

L'Amitié descendit, ton cœur fut son partage ;
Le seul Hymen connoît l'étage,
Où fut fixé par le maître des Dieux
Du Plaisir mécontent le modeste hermitage.
Or, que font là ces prisonniers ?
Je puis parler des deux premiers :
L'Amitié nous promet des ardeurs éternelles ;
Et si l'Amour cache son feu,
Du moins j'ai vu, dans tes prunelles,
De son flambeau briller les étincelles :
Mais, quand j'ai du Plaisir, que tu regrettes peu
Au bon Hymen demandé des nouvelles,
Sur son front austère et glacé
J'ai lu : *Dieu fasse paix au pauvre trépassé !*

# CHANSON

## A MADAME LA C. DE T. en 1762.

AIR : *Ton humeur est, Catherine.*

De la blonde Eléonore

Je veux chanter le bonheur :

De l'amour son cœur ignore

Les soupirs et la langueur ;

Elle hait ces jérémies

Qu'ont célébré nos romans ;

Elle est chère à ses amies,

Et se rit de ses amans.

2.

Ses discours pleins de finesse,

Sont le charme de l'esprit ;

Sans medire, elle intéresse ;

Sans louer, elle séduit :

L'amour est gai sur ses traces,

Mais il n'ose être fripon ;

Elle fait penser les graces,

Et fait rire la raison.

D iij

# CHANSON,

## A MESDAMES

## LA C. DU CH.** ET LA M. DE D.**,

### EN 1763.

AIR : *Que ne suis-je la fougère ?*

S'IL falloit à la plus belle
De ces deux charmantes sœurs,
Offrir le portrait fidèle
De ses attraits enchanteurs,
Ma peine seroit extrême;
Et, les voyant toutes deux,
Je dirois à l'Amour même,
Ose choisir si tu peux.

**2.**

La beauté peut nous surprendre
Un hommage passager,
Et celui que je veux rendre
Ne pourroit se partager :

Viens, Amour, tu peux m'apprendre
A qui s'adressent mes sons ;
Dis-moi quelle est la plus tendre,
Et porte-lui mes chansons.

# COUPLET

## A M^me LA M. AUJOURD'HUI D. DE M.

*Dansant sous l'Habit de l'hiver, dans un Ballet,
en 1763.*

EN VAIN sous l'habit d'Orithie,
Flore veut cacher ses appas;
Le tendre Zéphir l'a trahie,
Je l'ai vu voler sur ses pas :
Mailly, quand on a votre mine,
Et quinze ans,
On est, sous la martre et l'hermine,
Le printems.

# LE BAL DES MÈRES,

## CHANSON

### A MADAME LA COMTESSE DE P**.

L'OCCASION de cette chanson fut la précédente.
Madame la Comtesse de P... me dit : *Vous avez chanté
ma fille, vous me chanterez aussi ;* et elle m'indiqua le su-
jet de ces couplets. On se rappelle encore ce bal donné
à Versailles le mardi gras de l'année 1763, dont toute
la jeunesse de la Cour fut spectatrice, mais où ne
dansèrent que les femmes de trente ans.

### I.

A MOI, charmant Anacréon !
J'invoque aujourd'hui ton génie ;
Des jeux prolonger la saison,
C'est ajouter à notre vie.
Appelons ici la gaîté,
L'innocence et la liberté ;
    Enfans de quinze ans,
    Laissez danser vos mamans.

2.

Conviens, Amour, qu'ici des ans
Tu méconnoîtrois l'intervalle :
La moins jeune de ces mamans,
Peut de sa fille être rivale ;
Il est plus d'un mois pour les fleurs ,
Et toutes les roses sont sœurs.
Enfans , &c.

3.

Belles , qui formez des projets ,
Trente ans est pour vous le bel âge ;
Vous n'en avez pas moins d'attraits ,
Vous en connoissez mieux l'usage :
C'est le vrai moment d'être heureux ;
On plaît autant, on aime mieux.
Enfans , &c.

4.

Croyez-vous que ce Dieu malin ,
Dont je chéris et crains la flâme ,
Allume aux rayons du matin
Le flambeau qui brûle notre âme ?

Son feu, si je l'ai bien senti,
Ressemble aux ardeurs du midi.

       Enfans, &c.

Je me suis quelquefois applaudi en secret de ce que la meilleure de mes chansons, celle après laquelle peut-être je n'eusse dû m'en permettre aucune, avoit été faite pour la femme de la cour que j'ai regardée comme supérieure dans tous les genres, et à qui j'avois voué l'admiration la plus tendre. Avec quel plaisir je mettrois son nom à la tête de ce recueil, si elle vivoit encore! Rien de plus beau que sa personne, rien de plus pur que son ame : un trait unique suffit à son éloge. La calomnie, qui dans le séjour qu'elle habita n'a jamais épargné personne, n'a parlé d'elle qu'une seule fois; et dans l'histoire même qu'elle inventa, elle ne la peignit que comme la plus vertueuse des femmes. Puisque l'on veut que je parcoure encore ces jardins où s'égaya ma jeunesse, qu'il me soit du moins permis de m'attendrir & de jeter quelques fleurs sur les tombeaux que j'y rencontre.

## LA PETITE MAISON DE L'ABBÉ DE C.*

# CHANSON.

AIR: *Jusque dans la moindre chose.*

### 1.

L'AMOUR avec la Folie
Ici logeoient autrefois ;
La dernière en est bannie,
L'Amour y revient par fois ;
Mais plus tendre et moins volage,
Dans sa petite maison ,
Près du plaisir il est sage ,
Et soupe avec la raison.

### 2.

Dans ce charmant hermitage ,
Il a pris pour précepteur,
Un Abbé qui du ménage

* Il avoit loué pour un été une petite maison aux Porcherons, où Mesdames ses nièces passèrent le tems de leur grossesse.

Est

Est encor le directeur :
C'est la blanche chevelure
Que portoit Anacréon ;
C'est le regard d'Epicure,
Mais c'est l'ame de Caton.

E

# L'AURORE.

Air de M. de la Borde : *l'Amour vient de m'éclairer.*

Quel délicieux instant !
Je te vois, aube vermeille,
Découvrir en t'éveillant,
Le lit où Flore sommeille.
Elle sourit ; mais ses amans
N'ont point attendu ta lumière,
Et leurs baisers ont, je le sens,
Parfumé la nature entière.

Ce couplet fut fait dans le comtat d'Avignon, au lever du soleil, et dans une plaine émaillée de fleurs qui parfumoient l'atmosphère.

## A M^me LA M. AUJOURDHUI D. DE D.

### A LA CHASSE,

# CHANSON,

Sur l'Air de la *Fanfare de Saint-Cloud.*

### 1.

L'AMOUR, lassé de Cythère,
Vient chasser dans nos forêts,
Et dans sa main meurtrière
Diane a remis ses traits;
Vieux hôtes de ces retraites,
Ne craignez rien de ses coups;
Car, en menaçant vos têtes,
Ce chasseur n'en veut qu'à nous.

### 2.

D. . . . . . ta taille légère
Peut supporter tour-à-tour,
De Mars l'armure guerrière,
Et le carquois de l'Amour;

E ij

Mais quand ta voix douce et tendre,
Dans nos bois crie *alalis*,
Le Berger qui vient l'entendre,
Est toujours le premier pris.

Cette chanson fut faite à Marly, dans une partie
de chasse où les dames couroient le cerf.

# LA GAIETÉ,

## CHANSON A MADAME D'A...

### 1.

VOTRE enjouement nous rend heureux,

Jusqu'au moment qu'il nous enflâme;

L'amour promet tout dans vos yeux,

Mais il ne tient rien dans votre âme.

### 2.

Gardez long-tems votre gaieté,

C'est toujours une jouissance;

Elle ajoute à votre beauté,

Ce qu'elle ôte à notre espérance.

Ces couplets furent faits en Provence, au mois de juillet 1764. Le sieur le Gros de l'Opéra, leur a fait un air charmant.

E iij

# LA VIEILLESSE,

## ROMANCE,

### A MADAME LA COMTESSE DE GR.

Quand la vieillesse commence,
La douceur de soupirer
Est l'unique jouissance
Qu'il soit permis d'espérer :
L'amour fuit, l'amitié tendre
Vient alors lui ressembler,
Trop peu pour oser prétendre,
Assez pour nous consoler.

2.

Adieu, folle et douce ivresse
Que je pris pour le bonheur !
J'eus des sens dans ma jeunesse ;
Il me reste encore un cœur :
Que celle à qui je le donne,
Daigne en approuver l'ardeur ;
Je dirai, mes jours d'automne
Ont encor quelque chaleur.

### 3.

Pour l'amour tout est délire,

Tourment, extase, ou fureur ;

Pour l'amitié qui soupire,

Tout est plaisir et faveur.

Eglé règne sur mon âme

Sans en troubler le repos,

Et mes desirs et ma flâme

N'alarment plus mes rivaux.

### 4.

Je la verrai poursuivie

Par la foule des amours,

Et le déclin de ma vie

Jouira de ses beaux jours (a).

Tel, sur sa tige inclinée,

Un chêne, après trois cents ans,

Croit renaître chaque année

Avec les fleurs du printems.

*A Fontainebleau, en 1765.*

(a) C'est encore un de mes pronostics, qui n'a été ni trompé ni trompeur ; et pour cette fois la fortune s'est rangée du parti de ma reconnoissance.

# LE RETOUR D'UNE AMIE,

### Mme la C. de G.

A Mme la C. de G. revenant après une longue absence.

Sur l'Air : *Lisette est faite pour Colin.*

### 1.

JE vole au devant de tes pas,
  O ma fidèle amie !
Accours, jette-toi dans mes bras,
  Et que mon cœur oublie,
Ce qu'aux lieux où tu n'étois pas,
  J'eus de mélancolie.

### 2.

Hélas ! je voyois tous les ans
  Renaître la verdure ;
Mais tu n'habitois plus nos champs,
  Ils étoient sans parure ;
Et ton retour est le printems
  Qui me rend la nature.

3.

La terre va tous les matins
  M'offrir des fleurs nouvelles ;
Celles que cueilleront tes mains
  En deviendront plus belles :
Tous les jours vont être sereins,
  Et tous les cœurs fidèles.

4.

Quand mon Berger de son ardeur
  M'apportera l'hommage,
Près de toi je sens que mon cœur
  L'aimera davantage :
Eglé , tu doubles mon bonheur,
  Puisque tu le partage.

5.

Mais si j'adorois sans retour
  Un ingrat, un volage,
Avec toi je pourrois un jour
  Moins pleurer cet outrage :
Des peines que cause l'amour,
  L'amitié nous soulage.

# VERS

## FAITS A VERDER. APRÈS UN CONCERT,

## A M^lles D'AND. ET DE POL.

J'AIME l'accord de ces deux voix,
J'aime encor mieux celui de deux âmes si belles ;
Régnez sur tous les cœurs, enchantez à-la-fois
Et les tendres amans, et les amis fidèles.
Le plaisir de vous voir, qui me fait soupirer,
   Egale seul celui de vous entendre :
Qui peut les réunir peut encor desirer,
   Mais il n'a plus rien à prétendre.

# A MADAME ***,
## COUPLET,

Sur l'Air : *Quoi ! vous partez.*

Un troc heureux pourroit, belle Thémire,
Faire ma gloire et combler ton bonheur :
Pour te chanter, j'emprunterai ta lyre ;
Mais pour aimer, daïgne emprunter mon cœur.

# CHANSON,

## A MADAME LA C. DE GA...

qui m'avoit demandé des Couplets,

Sur l'Air : *Je le préférois à ses Rivaux.*

### 1.

THÉMIRE jamais à mon cœur
N'a permis l'espérance,
Et cependant à mon ardeur
A prescrit la constance :
J'aurai des rivaux moins malheureux ;
Plus que moi je les verrai plaire :
Mais j'espère
Que j'aimerai mieux qu'eux.

### 2.

Quand ma Thémire éconduira
Leur foule intéressée,
Mon feu discret lui reviendra
Sans doute à la pensée ;

Elle

Elle se dira : Le malheureux,
Quand ses rivaux savoient me plaire,
Put se taire,
Et n'en aima que mieux.

### 3.

Si du moins alors l'amitié
Parloit à ma Déesse !
Car souvent la douce pitié
Conduit à la tendresse,
Mes rivaux enviroient mes beaux jours ;
Mais, dût Thémire être encor fière,
Sans lui plaire,
Je l'aimerai toujours (a).

(a) Hélas ! et je l'ai perdue aussi

# A MADAME LA C. DE GR...

## CHANSON.

AIR : *Je vais te voir, charmante Lise.*

### 1.

DONNEZ-MOI cette main chérie,
Où se peint le secret des Dieux ;
Je doute fort que sa magie
Egale celle de vos yeux :
Dans ceux-ci mon âme attendrie
A lu quelquefois son destin ;
Mais vous savez que de ma vie
Je n'appris rien de votre main.

### 2.

Ah ! si votre cœur moins rebelle,
Daignoit écouter mes soupirs !
Si l'amitié la plus fidelle
Donnoit quelque droit aux plaisirs !
Pour prix d'une flâme si pure,

Ma bouche, Eglé, sur votre main
Trouveroit la bonne aventure,
Que mes yeux y cherchent en vain.

L'amusement de la société où je fis cette chanson
en 1766, étoit d'étudier des livres de chiromancie,
et d'apprendre à lire la bonne aventure dans les lignes
de la main.

## A MADAME LA M. DE...

Qui étoit allée à V. C. pour se mettre entre les mains de M. T.

Sur l'Air : *Est-il une plus douce vie ?*

### I.

L'AMOUR est une maladie
Que vous donnez au genre humain :
Pour un plus petit mal, Silvie,
Vous consultez M. T** :
Si vous voulez être guérie,
Soulagez du moins le prochain.

### 2.

Parlez au Docteur de Genève ;
Ce savant homme vous dira,
Que les enfans de la mère Eve
Sont tous sujets à ce mal-là,
Et que sa guérison s'achève
Par la beauté qui le donna.

### 3.

En vain, flattant les misérables

Que votre rigueur fait souffrir,
Vos yeux, ces charlatans aimables,
Semblent vouloir les secourir;
Ils rendent leurs maux incurables,
En promettant de les guérir.

*A Compiègne, juillet 1766.*

# A M. LE DUC DE CH. **

*La bonne année du Curé de S. Eustache.*

Toi que je n'ose encore inviter à confesse,
    Et que pourtant dans quatre mois
    Je dois attendre à ma grand'messe,
Choiseul, de ton Curé daigne écouter la voix,
    Et reçois les vœux qu'il t'adresse.
    Quoique tu sois grand ouvrier,
Puissé-je ne te voir que rarement à l'ŒUVRE !
    De L...... ce sage devancier,
    Dont l'écu porte une couleuvre,
Et qui fut, comme toi, grand homme et marguillier,
Ce Colbert qu'aujourd'hui la France canonise,
    Et qu'autrefois elle osa déchirer,
    Fit peu d'ordure en mon église,
    Avant de s'y faire enterrer.
    Je sais fort bien que tes confrères
    De Saint-Eustache et de la Cour,
Aimeroient mieux qu'ici tu fisses ton séjour ;

Je sais que maint dévot offre au Ciel ses prières
Pour ton salut, qui ne t'occupe guères :
Ton vieux Curé consent de ne te voir jamais ;
 Et s'il forme quelques souhaits,
 C'est que tu restes à Versailles,
 Où par toi le dieu des batailles,
 Sera long-tems le dieu de paix.
Amen ! ainsi soit-il ! Si pourtant chaque année,
 Choiseul, tu pouvois une fois
 Quitter le plus chéri des Rois,
 Qui te fit son âme-damnée,
 Viens te montrer dans ces saints lieux ;
 Viens ici changer d'eau-bénite ;
 Mais sur-tout retourne bien vîte
 Exorciser tes envieux.

*A Paris, le 30 décembre 1766.*

M. le Duc de Ch… venoit d'être nommé marguillier de S. Eustache ; et l'on sait que c'est dans cette église que reposent les cendres de M. Colbert, dont les connoisseurs admirent encore le mausolée. Cette plaisanterie souscrite du nom du Curé, fut réellement envoyée au Marguillier d'honneur, et fit rire le Ministre.

# A MADAME DE C. **.

VOTRE époux indulgent me permet de remplir
La moitié des devoirs qu'il eût dû vous offrir ;
Nous ferons à nous deux votre bonheur suprême :
      Il vous convoite, et je vous aime ;
Il peut vous enflammer, je veux vous attendrir.
      A ce partage, ma Silvie,
      Ne changeons rien, j'en suis content ;
      La jouissance est d'un instant,
      Et le bonheur est pour la vie.
Livrez-vous, j'y consens, à ses brûlans desirs ;
    De son amour, ma tendresse rivale,
      Ne réclame que l'intervalle
      Qui doit séparer vos plaisirs.
      Souvent c'est l'ennui qui soupire,
      Quand la volupté vient de fuir :
      Avec vous le cœur peut jouir,
      Quand les sens n'ont plus rien à dire.

   Ces vers furent faits à l'occasion d'une plaisanterie du mari, et en sa présence.

# COUPLET

Chanté à ma Femme après la naissance de
mon Fils, en 1767.

Air : *En vain sous l'habit d'Orithie.*

Hymen, c'est dans ton sanctuaire
Que tous mes vœux sont accomplis ;
Près du lit de sa tendre mère,
J'y vois le berceau de mon fils :
Content de l'ardeur mutuelle
De nos feux ,
L'amour y plaça le modèle
Des heureux.

# A MADAME LA C. DE GR.

## AU NOM DE M. ***,

*Qui lui envoyoit pour ses Etrennes une petite Statue
de l'Amitié, en 1768.*

CHACUN sait que dans l'âge d'or,
 Les Dieux n'étoient faits que de terre :
Ces vieux Romains dont nous parlons encor,
 Mais que nous n'imitons plus guére ;
Des vertus de cet âge admirateurs grossiers,
 Avoient chacun au coin de leurs foyers
 Leur divinité tutélaire.
Voici la vôtre, Eglé : cet humble piédestal,
De la tendre Amitié vous offre la statue ;
 Faite du plus riche métal,
 Elle eût été moins bien reçue.
 Parez-la quelquefois de fleurs :
Soyez de l'Amitié la prêtresse et l'asyle ;
Mais n'oubliez jamais qu'honorés par les mœurs,
 Lorsque les Dieux étoient d'argile,
 Leurs autels étoient dans les cœurs.

✣

## A MADAME LA C. D'O.

### PEU DE JOURS APRÈS SON MARIAGE.

## COUPLET.

AIR : *En vain sous l'habit d'Orithie.*

L'AMOUR dont vous êtes l'image,
A d'abord embelli vos traits :
Votre âme, son plus bel ouvrage,
Fut le second de ses bienfaits ;
Mais, pour la rendre encor plus belle
     Que vos yeux,
Il la forma d'une étincelle
     De ses feux.

# A MA FEMME,
## COUPLET,

Sur l'Air : *Celle que j'aime.*

A LA Fortune
N'offrons plus d'inutiles vœux :
Je n'en sais qu'une,
C'est d'être heureux ;
Plus constant qu'elle,
Ton cœur du moins me restera,
Quand l'infidelle
S'envolera.

*En 1768.*

A.

# A MADAME LA C. DE GR.

## CHANSON

*Faite aux bains d'Aix-la-Chapelle, en 1769.*

**1.**

CE sac qui couvre vos appas,
Permet du moins qu'on imagine :
Doris, vous ne me trompez pas ;
Je ne vois rien, mais je devine.

**2.**

C'est moins cacher votre beauté,
Que démentir votre franchise :
Les graces ni la vérité
N'ont jamais porté de chemise.

# LA PETITE ROSE,

## A M^me LA PRINCESSE D'ARM.

Le jour de sa Fête, en lui faisant donner un Bouquet par ma petite Fille, au mois d'octobre 1769.

### CHANSON.

AIR: *A moi, charmant Anacréon !*

**1.**

Mon papa, qui sait peu louer,
Prétend que je suis une rose;
Maman, qui n'ose l'avouer,
En croit cependant quelque chose:
Si cette rose vous plaisoit,
En vous l'offrant pour leur bouquet,
 Ils croiroient tous deux
 Offrir ce qu'ils ont de mieux.

**2.**

Protégez la petite fleur
Qui croît dans votre voisinage;

Vous êtes l'arbre du bonheur ,

Daignez lui prêter votre ombrage :

Sous ce feuillage si chéri ,

Qu'elle soit toujours à l'abri ;

Rose elle sera ,

Comme l'a dit son papa.

Nous passions notre vie à Sèves, avec cette femme charmante et respectable. On verra encore dans ce recueil plusieurs couplets faits pour elle. Les autres m'amusent encore ; ceux-ci m'attendrissent. Elle a eu pour moi jusqu'à sa mort les sentimens d'une amitié que je n'oublierai jamais. Ce souvenir est ici pour moi ce qu'est, dans le célèbre tableau du Poussin que l'on nomme l'Arcadie, cet épisode sombre et touchant qui fixe le spectateur ; *et in Arcadia ego.*

# LE BAL MASQUÉ,

## VERS A MADAME LA DAUPHINE,

*Pendant les Fêtes de son Mariage, en 1770.*

QUAND, au milieu d'une brillante cour,
    Aux Rois nous offrons notre hommage,
    Le respect sur notre visage
    Tient lieu de masque au tendre amour;
    C'est pour mieux nous faire connoître,
    Qu'aujourd'hui nous masquons nos traits:
    On s'approche, on veut voir de près
    Et la félicité du maître,
    Et les transports de ses sujets

    Pour donner à notre tendresse
    Le droit d'éclater librement,
    Faut-il, en ce jour d'alégresse,
    Recourir au déguisement?
Ce qu'il sent, le François hautement le publie;
    Laissez-lui sa sincérité,

En est-il un qui ne s'écrie :
Cette Dauphine, en vérité,
Nous l'aimons tous à la folie.

Nous l'aimons ! ce mot est si doux,
Qu'au milieu de ce peuple errant autour de vous,
Vous vous plaisez, sous le masque, à l'entendre ;
Vous épiez, vous cherchez à surprendre
L'aveu, le seul aveu dont les Dieux soient jaloux.

Ne croyez pas pourtant que rien ne vous décèle ;
Par-tout Louis vous suit des yeux ;
Ses regards attendris semblent dire : C'est elle !
Et puis cette ceinture, ornement précieux,
Que vous portez dès l'âge le plus tendre,
Et dont vous fit présent la Mère de l'Amour,
Jamais votre Dame d'atour,
En vous masquant, n'a pu vous la reprendre.

# A M<sup>me</sup> LA PRINCESSE D'ARM.

POUR SA FÊTE A SÈVES, en 1770;

## CHANSON,

Sur l'Air : *Ton joli, belle Meûnière, &c.*

### 1.

AUTREFOIS nos bons vieux pères,
Simples dans leurs mœurs,
Aux Dieux comme à leurs Bergères,
N'offroient que des fleurs ;
Mais en revanche, amours sincères
Logeoient dans leurs cœurs.

### 2.

Experts en cajolerie,
Vos voisins les grands,
Pourront de la flatterie
Vous offrir l'encens ;
Ne voulez-vous qu'être chérie ?
Voici nos présens (a).

(a) On présente ici les Bouquets.

3.

Ce courtisan qui s'arrête

Pour venir vous voir,

Dit tout bas : Le Roi s'apprête

A vous recevoir,

Et pour vous parler tête à tête,

Vous attend ce soir.

4.

Fussiez-vous la favorite

Du bon Roi Louis,

Au village ce mérite

Est des plus petits,

Et ce n'est point cette eau-bénite

Qui fait les amis.

5.

Mais, comme votre marraine (a)

Avoit pour sujets,

Tous les cœurs que l'on enchaîne

Par mille bienfaits,

C'est par-tout pays être Reine,

Et l'être à jamais.

(a) Madame de Maintenon.

### 6.

Cet empire est le partage
De votre bonté :
Du tribut de l'esclavage
On est peu flatté ;
La reconnoissance est l'hommage
De la liberté.

# A MA FEMME,

## QUI NOURRISSOIT SON ENFANT,

### en 1770.

AIR : *Dodo, l'Enfant do.*

**I.**

QUAND j'ai suivi, dans mon printems,
Et les amours et la fortune,
J'ai chanté plus de cent mamans;
Aujourd'hui je n'en chante qu'une;
Mais elle en vaut plus de cinq cent,
Celle qui fit mon bel enfant :
    Dodo, qu'il est beau
    L'enfant qui dort au berceau !

**2.**

Enfin j'ai trouvé le secret
Et d'être heureux et d'être sage;
Sans soins, sans remords, sans projet,
Je vis content dans mon ménage,

Chantant, caressant et berçant,
Ici la femme, et là l'enfant,
                Dodo, &c.

3.

Que le jour me paroît serein,
Lorsqu'à tes côtés je m'éveille,
Sans aspirer au lendemain,
Et sans me plaindre de la veille !
Dans tes bras je vois mon enfant,
Et je te chante en l'embrassant :
                Dodo, &c.

# REMONTRANCES

PRÉSENTÉES À MADAME LA DAUPHINE,

*Par les Anes ci-devant à son service.*

A LA Cour, il n'est rien de stable ;
Tout y brille un moment, tout y passe en un jour ;
    Et la faveur la plus durable
    A des ailes comme l'Amour.
Etourdis, enivrés d'une vapeur légère,
Ministres, favoris, ânes, chiens, et chevaux,
    Sur ce point-là sont tous égaux.
    Jouet d'un caprice éphémère,
L'homme est changeant ; et les enfans des Rois
    Sont encor plus hommes cent fois,
    Que le plus inconstant vulgaire.

    Maîtresse que nous regrettons,
    Vous dont la voix enchanteresse
    Nous prodigua les plus doux noms,
Et dont la belle main nous fit mainte caresse,

Jeune Dauphine, adorable Princesse,

Permettrez-vous à cent pauvres grisons,

Qui, sortant de votre écurie,

Sont renvoyés à leurs chardons,

D'*ânoner* à vos pieds une triste élégie,

Sur le plus sanglant des affronts

Qu'ils aient essuyé de leur vie?

Plus fiers que ces coursiers qui portèrent jadis

Les Renaud et les Amadis,

Angélique en corset ou Roland sous les armes,

On nous a vus porter vos charmes

Sur l'émail des gazons fleuris.

Notre pas ferme et notre marche altière,

Sembloient de notre charge annoncer tout le prix.

Si l'on nous eût permis de braire,

Notre patois eût dit aux peuples attendris :

» Hé bien ! voilà pourtant la fille de Louis !

» Vous savez tous qu'elle eut pour mère,

» Des Césars l'auguste héritière ;

» Mais convenez, mes bons amis,

» Qu'elle auroit eu, simple Bergère,

» En dépit de Vénus, la pomme de Pâris. »

Nous

Nous ne le disions pas ; mais sur notre passage ,
  Tous les yeux tenoient ce langage.
  Si ce baudet, que l'on nous peint
  Chargé des reliques d'un Saint ,
Du respect des passans prenoit pour lui l'hommage ,
  Moins sots que lui , mais plus contens ,
  Nous ne respirions point l'encens
  D'une populace hypocrite ;
  Celle qu'on vit à notre suite
Nous fit de tout son cœur mille remercîmens ;
Et près d'elle du moins nous avions un mérite ,
  Celui de marcher à pas lents ,
  Et de prolonger un voyage ,
  Pour laisser admirer aux gens ,
  Et de plus près et plus long-tems ,
  Les graces de votre visage.

  Quel avantage ont donc sur nous
  Ces fameux coursiers d'Ibérie ,
  Rois ou tyrans de l'écurie ,
  Et qu'on verroit à nos genoux ,
  Sans le manège et sans l'envie ?

H

Leurs larges fers ont trente clous,
Meurtriers pour l'herbe fleurie ;
Leur regard a l'air du courroux,
Leur ardeur peut coûter la vie.
Sur ces animaux menaçans
Vit-on jamais ou Palès, ou Pomone ?
Et la blonde Cérès, aux premiers jours d'automne,
Et la jeune Flore au printems,
Viennent-elles courir nos champs
Sur la monture de Bellone ?

Que quelque jour dans les combats,
Votre époux, sur leur dos, coure après la victoire,
Et vous fasse trembler en bravant le trépas,
Princesse, cet honneur nous ne l'envions pas :
D'un œil moins sec alors vous fixerez la gloire ;
Et vous direz, voyant partir
Tous ces quadrupèdes terribles,
» Hélas ! ils vont au feu ; mes ânes plus paisibles,
» Ne partoient que pour le plaisir. »

De nos rivaux altiers la superbe encolure,
En vain flatte leur vanité ;

Quand ils auroient pour eux la taille et la figure,
Nous avons pour nous la bonté,
La douceur, la fidélité,
Nous avons la constance et la sobriété.

Cédons-leur encor la parure ;
Que l'or, la soie et les clinquans,
Couvrent leur tête, et leur dos, et leurs flancs :
Ce n'est pas l'art, c'est la nature
Qui doit offrir un trône à la beauté ;
Elle brille sur la verdure,
Et dans une riche voiture
Son éclat paroît emprunté.

Sur notre dos vous étiez plus gentille :
Quand Vénus, en naissant, sur l'onde se montra,
Son char ne fut-il pas une simple coquille ?
Et tout l'univers l'admira.


Laissez donc, Princesse chérie,
Laissez reposer quelquefois
La bruyante chevalerie
Qui fait peur aux nymphes des bois.
Venez sur vos grisons vous montrer aux Bergères ;

H ij

Venez sourire aux Laboureurs ;
Venez contempler les chaumières
Où dorment le soir les Pasteurs.
Nous n'irons point chercher le séjour des grandeurs,
Nous nous arrêterons à la porte des sages ;
Et vous connoîtrez les villages,
C'est-là que logent les bons cœurs.

On se rappelle l'occasion de cette plaisanterie qui fut faite à Fontainebleau en 1770. La Reine, ( alors Madame la Dauphine ) et les Dames qui avoient l'honneur de la suivre , jusques-là s'étoient promenées sur des ânes ; ils furent congédiés, lorsque l'on commença à faire des promenades à cheval.

# VERS

*Adressés, sous le nom du célèbre Sculpteur* LEMOINE, *à M^me* LA DAUPHINE, *au mois de septembre 1771, & le même jour qu'il demanda la permission d'exposer au Sallon le Buste qu'il avoit fait de cette Princesse.*

COMBIEN ce buste m'a coûté !

Je croyois avoir imité

De la Nymphe la plus jolie

Sourire fin , douce gaîté ,

Et d'une Princesse accomplie

Graces, noblesse , majesté.

Fier de mon art et de votre beauté ,

Je crus dix fois ma besogne finie ;

Je revenois , vous étiez embellie ,

Et mon art étoit dérouté.

Vous avouerai-je mes alarmes ,

Et ma honte, et mon désespoir ?

Une semaine , un jour ajoutoient à vos charmes,

Et toujours mon talent me paroissoit déchoir ;

H iij

En vous quittant je répandois des larmes,

Et je tremblois de vous revoir.

Du ciseau l'heureuse imposture

S'efforceroit en vain de suivre la nature:

Son pouvoir est illimité,

Mais il faut bien que l'art s'arrête.

Je crois avoir fini la plus charmante tête,

Et je livre ce marbre à la postérité.

Nos neveux le croiront flatté;

Mais, vous voyant encor plus belle,

L'âge présent rira de ma caducité,

Et dira, Lemoine est resté

Trop au dessous de son modéle.

Ce buste est un des beaux ouvrages de Lemoine, et fut fait pour être envoyé à l'Impératrice. Je partois pour un voyage d'un mois, et j'adressai, sous le nom de cet illustre artiste, ces vers à Mad. la C. de N. aujourd'hui M. de M. qui les reçut le même jour que la lettre par laquelle il demandoit permission d'exposer son ouvrage au Sallon. Il fut si étonné des complimens qu'on lui fit et sur son ciseau et sur sa verve, que son silence fut d'abord pris pour un aveu des vers. Il fit cependant tout ce qu'il put pour en découvrir l'auteur, et déclara publiquement qu'il ne les avoit point faits. A mon retour je les trouvai à Fontainebleau sur toutes les cheminées, et attribués ou à Lemoine, ou à son teinturier dont on le croyoit complice. Je mis Mad. la C. de N. dans ma confidence; et elle me garda si bien le secret, que Lemoine impatienté prit un moyen sûr pour découvrir l'inconnu qu'il cherchoit. Au voyage de Compiègne suivant, il dit dans l'anti-chambre du Roi : J'ai fait une belle copie en plâtre du buste de Mad. la Dauphine ; cette copie, je la destine à l'Auteur qui a si bien rendu une pensée ( car cette pensée étoit véritablement la sienne, et n'étoit point une flatterie ). J'appris avec le public cet engagement, et le lendemain je rencontrai M. Lemoine dans la rue. Je l'arrêtai, et lui dis en riant : *Frappez, je suis Pyrrhus.* Il me sauta au cou en s'écriant : *Vous aurez mon EX VOTO.* On peut juger du plaisir qu'il me fit, et du soin avec lequel je garde ce monument.

# LES RELEVAILLES,

Décembre mil sept cent soixante-onze (*a*).

AIR: *Au gué lanla.*

**I.**

UNE jeune Bergère

Que je chéris,

Du bonheur d'être mère

Connoît le prix;

Mais écartons d'elle aujourd'hui

Les soins et l'ennui

De ce métier-là,

Au gué lanla !

Bergère, au gué lanla !

**2.**

Quand Thétis à Pélée

Se maria,

La noce fut troublée,

(*a*) Ces couplets furent chantés dans une petite fête que je donnois à ma femme qui nourrissoit alors sa fille.

On se brouilla :
Vive les couches de Cypris !
La troupe des Ris
Seule s'y montra,
Au gué lanla, &c.

3.

Le chant de Philomèle
Nous avertit
Qu'il faut, ma tourterelle,
Quitter le nid :
Un seul regard de vos beaux yeux,
Après quelques jeux,
M'y rappellera,
Au gué lanla, &c.

4

Compagne tendre et sage,
Jolis enfans,
Douce paix du ménage,
Amis constans !
Fortune, le reste est à toi ;
Mais conserve-moi
Toujours ces biens-là,
Au gué lanla, &c.

5.

Votre nourisson crie,
Courez à lui ;
Votre mari vous prie,
Répondez *oui* ;
Et du ménage, et de l'amour,
Suivez tour à tour
Le doux agenda,
Au gué lanla, &c.

Les Couplets suivans font partie de ceux qui furent faits pour un petit Divertissement que nous donnâmes à Madame la Princesse d'Arm. pour sa fête, le 3 octobre 1772.

Ces amusemens variés chaque année se terminoient toujours par de petits présens, en linge, en habits et en autres marchandises, qui étoient distribués aux pauvres. Pour cette fois on imagina une foire, et différentes boutiques qui étoient tenues par les parentes, les amies et la société de cette Princesse.

# AU NOM DE MADAME M...

## PRÉSENTANT SES ENFANS.

### Sur l'Air d'Epicure.

#### I.

Voici les fruits du voisinage;
J'apporte ma plus belle fleur,
Et je viens vous offrir l'hommage
De l'innocence et du bonheur :
On verra ces roses nouvelles
A vos rayons s'épanouir,

Et vos bontés seront pour elles
Mieux que l'haleine du Zéphir.

2.

L'amour guida dans ce village
Philémon avec sa moitié :
Il plaça cet heureux ménage
Près du temple de l'amitié ;
Quand une paisible vieillesse
Aura confondu leurs rameaux,
Sur les autels de la Déesse
Ils s'élèveront en berceaux.

## AU NOM D'UNE MARCH.de DE BIJOUX,

### AU GRAND MONARQUE,

## MADAME DE ***.

AIR : *Quand le péril est agréable.*

1.

Venez, Princesse, faire emplette,
Venez faire emplette chez nous ;
L'honneur, le plaisir, les bijoux,
Aujourd'hui tout s'achète.

Nos

### 2.

Nos cœurs sont plus chers qu'on ne pense;
Vous savez trop qu'ils sont à vous:
Votre bonté les paya tous;
  Et les paya d'avance.


# AU NOM D'UNE MARCH.de DE CORSETS,

## JUPONS ET AUTRES HABILLEM. DE PAYSANES,

### AU GRAND TURC,

# MADAME M. ***.

Air: *On dit qu'à quinze ans.*

### I.

Ce fut dans les cours
Que l'art inventa les dorures,
  Et tous ces atours
Faits pour étouffer les amours;
  La simple nature
Fit les tabliers, les corsets,
  Légère parure
Pour d'innocens attraits.
  Ce fut dans les cours, &c.

**2.**

Il faut peu d'argent
Pour embellir une bergère,
Il faut peu d'argent
Pour rendre un cœur reconnoissant :
Venez, ma Princesse ;
Connoissez - vous une Fanchon
A qui ma tendresse
Veut offrir un jupon ?
Il faut peu d'argent, &c.

## AU NOM D'UNE MARCH.de DE LAYETES,

### *A LA VILLE DE MALINES,*

# MADAME LA C. DE S.

Sur l'Air *de Joconde.*

N'ALLEZ pas dire que je vends
Marchandise inutile ?
Car jamais chez les indigens
Femme ne fut stérile :
Vous êtes des pauvres mamans
La ressource et l'asile ;

Vous ne fîtes jamais d'enfans,
Mais vous en avez mille.

## AU NOM D'UNE MARCH.de DE DRAGÉES
### ET ANIS DE VERDUN,

### *AU FIDÈLE BERGER,*

Mme LA C. DE GU. aujourd'hui D. DE L'ESP.

AIR : *Dirai-je mon* Confiteor ?

Vous connoissez bien un pays
Où, de fleurs toujours ombragée ,
L'envie offre à de faux amis
Le fiel caché sous la dragée :
Mes douceurs ne sont pas d'ici,
Fiez - vous - y, fiez - vous - y.

2.

De ce pays, où chacun ment,
Vous n'eûtes jamais le langage,
Et vous y portez, trois fois l'an,
La même robe qu'au village (a);

(a) Madame d'Arm. avoit obtenu de Leurs Majestés
l'honneur de les voir à Versailles, dans leur inté-
rieur, & sans l'attirail de la robe de Cour.

Là, quand vous parlez, le cœur dit :
Fiez-vous-y, fiez-vous-y.

## AU NOM D'UNE MARCH.de DE MODES,

### AUX TRAITS GALANS,

## MADAME LA M. DE L. ***

Nos traits galans, ne craignez rien, Princesse,
Ne tendent point de piége à la beauté :
Ici l'amour, que guide la sagesse,
Respecte le mouchoir par elle présenté ;
Et le ruban qu'il offre à la tendresse
Sert de cocarde à la fidélité.

## AU NOM D'UNE MARCH.de DE PLATS

### ET D'ASSIETTES DE TERRE,

### A LA PORCELAINE DE FRANCE,

## Mme LA M. DE M. ***,

Sur l'air : *Quoi ! ma voisine, es-tu fâchée ?*

1.

Autour d'une table garnie
De plats d'argent,

La grande et bonne compagnie
    Bâille souvent :
Vaisselle brillante et si chère,
    Porte malheur ;
Je vends des assiettes de terre
    Au moissonneur.

2.

On ne sert point sur ces assiettes
    De chapons gras ;
Un peu de lard, aux jours de fêtes,
    Garnit ces plats :
La sauce de l'heureux convive
    Est l'appétit ;
Et dans ses yeux gaîté naïve
    Toujours sourit.

## AU NOM D'UNE MARCH.de D'AIGUILLES ET DE CISEAUX,

### A LA CROIX-D'OR,

## M<sup>me</sup> LA COMTESSE DE M.

AIR : *Ma raison s'en va grand train.*

Les aiguilles ont leur prix
A Sève mieux qu'à Paris :
   Là, tous les matins,
   Prudes et Catins
Bâillent sur leurs lectures :
Ici les filles ont des mains,
Et n'ont point de brochures : lon là &c.

## AU NOM D'UNE MARC.de DE MANCHONS ET DE GANTS FOURRÉS,

### A LA PELISSE ROYALE,

## M<sup>me</sup> W.H. ***

Sur l'air : *J'aime le Vin, j'aime l'Amour.*

Pour les enfans, pour les barbons,
De gants fourrés et de manchons

Vous enrichissez cent ménages;
Ainsi, protégeant tous les âges,
Et prévenant tous les besoins,
De tous les cœurs qui s'entendent le moins,
Vous réunissez les hommages.

# A M. LE COMTE DE M.

En lui envoyant six Rosiers de tous les mois,

## STANCES

*AU NOM DE M<sup>me</sup> DE ***, à la fin de mars 1773.*

Toi, dont la balance sévère
Pesant les intérêts des Rois,
Ne confond point avec leurs droits
Ni leurs projets, ni leur chimère ;

M**, si tu peux un instant
Oublier l'hydre germanique,
Sur un empire plus riant
Viens promener ta politique.

Observe avec moi les progrès
D'une puissance notre amie,
Qui rassemble, qui multiplie,
Qui renouvelle ses sujets.

Epicure fit son histoire,

Lucrèce chanta ses succès ;
Le printems annonce sa gloire ;
Nous jouissons de ses bienfaits.

Avec elle d'intelligence,
La jeune Déesse des fleurs
Donne chaque jour audience
Aux Zéphirs ses ambassadeurs.

De Flore les troupes légères
S'ébranlent toutes à sa voix,
Et j'ai vu briller dans nos bois
L'uniforme des primevères.

Pour suivre des appas naissans,
Faune descend de la montagne ;
Le Plaisir assiège nos sens,
Tous les Amours sont en campagne.

Sans languir avec les frimats,
Sans renaître avec la verdure,
L'Amitié seule n'attend pas
Le doux réveil de la nature :

Tendre et raisonnable à-la-fois,
Elle seule présente aux sages
Et des plaisirs de tous les âges,
Et des roses de tous les mois.

# LA LEÇON QUI VAUT UN FROMAGE,

## COUPLETS,

### Sur l'Air *de Joconde.*

Une femme respectable assembloit toutes les semaines un certain nombre d'amis dans un souper des-
tiné à la gaieté décente ; chacun des convives devoit être à tour de rôle le Chevalier de la Dame, et
cette plaisanterie donnoit lieu à plusieurs couplets.
Un homme de la société, dont c'étoit le tour d'être
galant, s'avisa d'apporter à la Dame un fromage de
Viry. Un autre convive turlupina le présent et son
auteur. Les propos furent assez libres pour faire rou-
gir et taire les Dames. L'Auteur les vengea et se
vengea lui-même par ces deux couplets.

### I.

La licence de vos discours,
Peu faite pour votre âge,
Des jeunes et tendres Amours
Peint encor moins l'hommage.
Je ne suis point un Céladon
A son apprentissage,

*I♥

Mais je vous donne une leçon
Qui vaut bien un fromage.

2.

Sans les yeux qui l'ont rappelé
Dans mon cœur, son asile,
L'Amour se seroit envolé,
Chassé par votre style :
Je permets au desir troublé
Ses phrases ingénues ;
Mais que le Plaisir soit voilé,
Si les Grâces sont nues.

COUPLETS

# COUPLETS

Faits à la campagne pour Madame de ***
et pour la Société réunie chez elle, à Pâques
1773.

AIR : *Lison dormoit, &c.*

### 1.

CHEZ notre digne Présidente,
Tout ce qui plaît on trouvera,
Bonne chère et mine riante,
Le jeu, le bal, & cætera.
De Pascal la vieille doctrine,
Et la morale d'opéra,
Sermons par-ci, romans par-là,
Tout lui va, rien ne la chagrine;
Mais jamais son cœur n'aimera
Que quelques vieux amis qu'elle a.

### 2.

La bonne Marquise est séante,
Sans nul souci, sans embarras;

K

G.* disserte, le Baron chante,
** lit ses vieux almanachs,
Les yeux éloquens de Chimène,
Et l'Abbé qui ne parle pas,
Le chaud, le froid, le haut, le bas,
A tout elle applaudit sans peine,
Et jamais elle ne gronda
Que quelques vieux amis qu'elle a.

# A MADAME LA C. DE C. ***,

Le lendemain de son second Mariage.

Air : *Colette est faite pour Colin.*

### 1.

D'HYMEN j'ai prévu le retour,
Et dans tes yeux, Thémire,
J'ai vu briller l'aube du jour
Qui pour toi vient de luire :
Ne rougis plus des tendres soins
Qui te rendoient si belle;
Si le plaisir craint les témoins,
Le bonheur les appelle.

### 2.

Le feu dont on brûle à quinze ans,
N'est point l'amour encore;
Le plaisir assiège nos sens,
Mais notre cœur s'ignore;
Alors l'intérêt vient former
Les nœuds de l'hyménée :

K ij

Une Belle, avant que d'aimer,
　Est toujours enchaînée.

### 3.

Heureux qui peut suivre l'attrait
　De la simple nature !
Heureux qui couronne l'objet
　D'une tendresse pure !
Sitôt que l'Amour peut choisir,
　Il est le bien suprême ;
Et lorsqu'il survit au desir,
　Il est la vertu même.

# COUPLETS

Faits à Nemours au passage de Madame la
Comtesse D'ARTOIS, & qui devoient
lui être chantés par un Maître d'Ecole dans
une petite Fête qui lui fut donnée, au
moment même où MADAME arriva de
Fontainebleau pour l'embraſſer.

Sur l'Air *du Vaudeville d'Epicure.*

### 1.

LE récit de votre voyage
Octupe tous nos beaux-esprits,
Et déja, Princesse, je gage
Que l'on y travaille à Páris;
A Nemours, histoire parfaite
Est celle qui va droit au fait,
Moins longuement que la gazette:
Voici la vôtre en un couplet.

### 2.

Vous eûtes pour première escorte,
Pleurs amers et regrets cuisans;

K iij

Puis, des plaisirs de toute sorte,
Parfois ennuyeux et bruyans;
Mais quand vos baisers pleins de charmes
Couvrirent une tendre sœur,
Vous dîtes, en versant des larmes,
Pour le coup je tiens le bonheur.

### 3.

Est-il une plus douce ivresse?
Est-il un plus heureux lien?
Demandez-le, belle Princesse,
A cette sœur qui le sait bien.
Mais non! à l'amitié naïve
Donnez le reste de ce jour;
Demain, aussi tendre et plus vive,
Vous apprendrez tout de l'amour.

# COUPLET

Adressé à Madame la Duchesse de ***, et fait pendant le travail de Madame sa Belle-Fille.

Sur l'Air : *Lison dormoit, &c.*

LAISSONS la postéromanie
Guetter au passage un garçon:
Que fait à la maman qui crie
L'intérêt de votre maison?
Sois héritier, sois héritière,
Sois enfant, ce que Dieu voudra;
Mais sors de-là, mais sors de-là,
Cesse de tourmenter ta mère ;
Tout doucement passe par là,
Et chacun te remerciera.

# A MESDAMES,

Pendant la convalescence de leur petite-
vérole à Choisy,

# CHANSON.

AIR : *Depuis que j'ai vu Nannette.*

### 1.

Le Ciel n'est plus en colère,

Tous nos maux sont adoucis,

Et les éclats du tonnerre

Ne menacent plus les lis :

Rendus à notre tendresse,

Revenez, anges de paix,

Voir succéder notre ivresse

A nos plus cuisans regrets.

### 2.

Hélas ! si d'un tendre père

Pleurant encor les adieux,

Vous eussiez quitté la terre,

Pour le suivre dans les cieux,

Plein de ma douleur extrême,
Je brisois mes chalumeaux,
Et je m'enterrois moi - même
A l'ombre de vos tombeaux.

### 3.

Malgré ce mal qui dévore
La jeunesse & la beauté,
Je chanterai donc encore
Le courage et la bonté ;
Je dirai : Touchantes traces
D'un danger qu'on ne craint plus,
Vous valez mieux que les graces,
Vous rappelez les vertus.

# LE NOUVEAU RÈGNE,
## CHANSON,

Sur l'Air : *Ton humeur est, Catherine.*

### 1.

A ce Roi, né pour l'exemple
Et le bonheur des François,
Peuples, élevez un temple,
Et gravez-y ses bienfaits :
Puisse en être la Prêtresse,
Et lui porter tous nos vœux,
Cette charmante Princesse
Qui le rend lui-même heureux.

### 2.

Il est clément, il est juste,
Il est sage autant que bon ;
Il a les vertus d'Auguste,
Lorsqu'il en quitte le nom :
Mais ce titre à la Romaine
Dont il est si peu jaloux,

Il faut bien qu'il le reprenne
Quand nous le lui rendrons tous.

### 3.

Viens, déité de la France,
Gaîté de nos bons aïeux,
Non celle dont la Régence
Arma les caustiques jeux,
Mais toi, dont fut le modéle
Ce bien - aimé de Paris,
Qui tutoyoit Gabrielle,
Et juroit ventre-saint-gris.

### 4.

Je vois déja reparoître
M * * * ton favori,
Jadis l'ami de son maître,
Et le fléau de l'ennui :
On sait qu'il perdit sa place,
Un beau jour, pour avoir ri,
Et que pendant sa disgrace
Tu fus toujours avec lui.

### 5.

Ministres, laissez -nous rire,

La Reine nous l'a permis ;
Ne craignez plus la satire,
Et vivez tous bons amis :
La triste philosophie
Nous ennuya trop long-tems,
Pardonnez à la folie
Quelques couplets innocens.

STANCES

# STANCES

## A MADAME LA D. DE C. ***

### SOUS LE NOM D'ANNETTE,

*Au nom de Madame la C. de Ch. sa fille, qui lui faisoit présent pour sa fête d'une boîte, sur laquelle étoit peint le Médaillon qui est décrit dans ces vers.*

PAR un matin, me promenant seulette,
Je parcourois les bosquets de Marli ;
Roses cherchois pour couronner Annette,
Mais ne trouvois que cyprès et souci (*a*).

2.

Las ! je disois, pour te donner des fêtes,
Tendre amitié, ces lieux ne sont point faits ;
Ici n'avons chalumeaux ni musettes,
Et nos Bergers sont tristes ou muets.

3.

Au même instant, descend sur un nuage

(*a*) Ces Stances furent faites peu de tems après la mort du feu Roi.

L

Cette amitié, déesse dé mon cœur :
Elle a d'Annette et l'air et le langage,
Même parfois sa touchante langueur.

### 4

Elle me dit : » Les plaisirs que je donne,
» Sont sans apprêts et n'en valent que mieux ;
» Lorsque des jeux la troupe m'abandonne,
» J'ai le bonheur, qu'il suffise à tes vœux !

### 5.

» Or, connois-tu le vrai bonheur d'Annette ?
» Mon talisman va t'en montrer le prix :
» Prends ce bijou, mets-le sur sa toilette,
» Et puis regarde en ses yeux attendris. »

### 6.

Que vois-je ? ah Dieux ! c'est ma Victorinette
Que je presente à l'amour maternel !
Voilà son temple, et le buste d'Annette
Paré de fleurs est placé sur l'autel.

### 7.

Reçois, Annette, amitié te l'envoie,
De nos amours ce tableau raccourci :
En le voyant tu pleureras de joie ;
Je le crois bien, car moi j'en pleure aussi.

**++**

# ALY-BEY A ANNETTE,

*26 Juillet 1774.*

Des vieillards le calendrier
N'est point fait pour multiplier
De la beauté les jours de fête ;
Pourquoi donc, Aly-Bey, votre vieux prisonnier,
Par un caprice singulier,
Veut-il avant le tems chômer celle d'Annette ?
Quand ce héros emprisonné,
Vous livrant son cœur et ses armes,
Fut en bouquet transformé par vos charmes,
Et dans votre corset par votre ordre enchaîné,
Autorisé par la légende
Du pays que vous habitiez,
Quel jour mit-il son hommage à vos pieds,
Et sur votre sein son offrande ?
Ce fut, il s'en souvient, le vingt-six de ce mois.
N'allez pas croire qu'il l'oublie,
Et que le conquérant d'Egypte et d'Arabie,
Tout fleur qu'il est, veuille perdre ses droits.

L ij

> Ici votre fête retarde ;
>
> Est-ce donc la faute d'Aly ?
>
> Hé bien ! chère Annette, il vous garde
>
> Encore un bouquet pour jeudi.

Ainsi, se conformant à la double étiquette

> Et de Compiègne et de Marly ,
>
> Aly , le scrupuleux Aly ,

Accomplira de plus la loi de son Prophète,

Qui soutient que l'hommage offert à la beauté,

> Ne peut être trop répété.

L'occasion de cette plaisanterie fut une petite fête qui avoit été donnée à Mad. la Duchesse de C... par ses enfans, à Compiègne en 1773. Dans le diocèse de Soissons, la sainte Anne est le 26 juillet. La cour étoit à Marly au mois de juillet 1774, et cette fête n'est que le 29 dans le diocèse de Paris. Celui au nom de qui furent faits ces vers, donna toujours sous le nom d'Aly-Bey son bouquet dès le 26, et en promit encore un autre pour le 29.

# A MADAME DE ***

## LE QUINZE,

CHANSON, fur l'air de *Joconde*.

Cette Dame s'étoit amusée à nous voir jouer au *Quinze* pendant le voyage de Compiègne de 1774 : elle se plaignoit des nuits que nous lui avions fait passer, et demandoit une chanson pour l'en remercier.

### 1.

PHILIS, ce jeu, ce joli jeu
  Qui fait qu'on ne dort guère,
J'ai voulu m'y remettre un peu ;
  Mais rien ne m'y prospère :
J'y fis autrefois d'heureux coups,
  Dans ma jeunesse folle ;
Aujourd'hui que je les perds tous,
  Le va-tout me désole.

### 2.

Je fais le jeu mesquinement,
  Mon début vous fait rire ;

Mon rival va de son argent,
Honteux je me retire ;
Et si parfois en fanfaron
Je risque l'aventure,
Las ! je n'ai qu'un triste *lardon*,
Et l'autre a la *figure*.

### 2.

Je rends à mes rivaux heureux,
Et la bourse et les armes ;
Il est plus doux et moins coûteux
De célébrer vos charmes :
Avec moi soyez de moitié,
Et, joueur plus modeste,
Je caverai pour l'amitié
Mon pauvre petit reste.

# LA FERMIÈRE DE CLAIRVOIX,

## CHANSON PAYSANE,

### A MADAME LA MARQ.se DE D***,

AIR : *Quand Moyse fit défense.*

1.

Voici les gens du village (a),

Du village de Clairvoix ;

Ils venont vous rendre hommage ,

Et vous dire en leur patois :

Belle blonde qu'on adore ,

Revenez nous voir encore ;

(a) Ces couplets furent faits en 1774 à Compiègne, à l'occasion d'une plaisanterie de société. On imagina une députation des habitans du village de Clairvoix, pour inviter Mad. la M. de D... à venir se promener à leur fontaine. Ils y rappellent une petite fête qui lui avoit été donnée l'année precédente dans le même lieu. Ce genre de chansons doit exprimer la gaieté la plus naïve ; je demande grace pour les deux seules de ce style que j'aie laissé placer dans ce Recueil.

Avec vous qui peut danser,
Veut toujours recommencer.

2.

Les filles du voisinage
Vous apportont des bouquets,
Notre Bailli son parlage,
La Fermière ses œufs frais ;
Mais qui vous dira, Princesse,
Avec franchise et simplesse,
L'amiquié qu' j'avons pour vous ?
Oh ! t'nez, ma foi, c'est tretous.

3.

Quand vous vint' à not' fontaine,
On vit paroître à-la-fois
Tous les plaisirs dans la plaine,
Tous les amours dans les bois ;
Vin, musique et bonne chère,
Vingt beautés sur la fougère ;
Mais cel' qui m'est resté' là,
Faut en conv'nir, la voilà.

4.

Je dirai pourtant la crainte

Des Bergères du canton ;

Vrai, quand on seroit un' sainte,

A chaque fill' faut un garçon :

Ce n'est pas tout d' fair' bombance;

Et queuqu' plaisir qu' soit la danse,

Faut danser, pour être heureux,

Avec c' qu'on aime le mieux.

5.

Vous étiez par trop jolie,

Je l'étions peu pour vos messieux ;

Gens de Cour vous ont suivie,

Gens d' villag' ont fait comme eux :

Sans un' petite aventure

Qui nous fît plaisir, j' vous jure,

De plus de trente amoureux,

Y' n' nous en restoit pas deux.

6.

Près d' vous ramoit, pour vous plaire,

Un jeune et gentil Seigneur (b) ;

(b) Dans cette fête de l'année précédente, un
homme de la société ayant voulu conduire à la rame
un bateau, s'étoit laissé tomber dans l'eau.

Mais j' vîm' bien que vous êtiez fière,
Et qu' vous l'y teniez rigueur ;
Il s' jetit dans la rivière,
Et vot' servant' la Fermière,
Aux garçons fut répéter :
N'allez pas vous y frotter.

# CHANSON
## A MADEMOISELLE ***,

Sur l'un des Airs de l'Opéra *d'Asolan.*

Il fait danser tout son village,
Cet imbécille d'Asolan ;
J'en aurois fait un autre usage,
Si j'avois eu son talisman.
Oublions la triste morale
Que l'on prête à nos bons aïeux :
Amitié riche et libérale,
Vaut mieux qu'amour quand il est gueux.

2.

Que ne puis-je pour ma houlette
Troquer le sceptre d'Alcindor !
Dès demain sur votre toilette
J'irois déposer ce trésor.
Le petit Dieu qui ne voit goute,
Vous doit un don plus précieux ;
Vous les auriez tous deux sans doute,
Si la fortune avoit mes yeux.

## A M. LE MARÉCHAL DE **

*Au nom de Madame la Maréchale sa Femme,*

*en 1775.*

Ta libéralité touchante,
Meubla pour moi ce vaste appartement,
De tes bienfaits superbe monument,
Dont mon ame reconnoissante
Admira l'éclat un moment.
Hélas ! l'instant d'après, la troupe conjurée
De mes éternels ennemis,
Vains projets et cuisans soucis,
Pour toi fantômes dont tu ris,
Pour moi monstres affreux dont je suis dévorée,
Franchirent l'enceinte dorée
Par tes soins destinée au repos de mes nuits.

A moins de frais je veux meubler l'asile,
Où tu viendras, philosophe tranquille,
Dérider ce front soucieux

Que

Que tu rapportes de la ville,

Et savourer ce nectar précieux

Que la tendre Baucis, dans des coupes d'argile,

Offrit au plus puissant des Dieux.


Je ne placerai point dans ce réduit champêtre,

Antique bronze, ou jolis camaïeux :

Eh ! que serois-tu dans ces lieux

Du cabinet d'un curieux,

Ou du boudoir d'un petit-maître ?

De l'épouse de Philémon

La vaisselle peu magnifique,

Ornera le sallon rustique

Où, sur des sièges de gazon,

Tes deux plus fidèles amies,

La gaîté douce et l'antique raison,

Des arts et des talens suivies,

Tiendront ta petite maison.


Si l'on supputoit les dépenses,

Je devrois trop à ton amour ;

M

Mais tu me devras du retour,
Si l'on compte les jouissances.

M. le Maréchal de.... avoit fait orner pour Mad.
la M. à Paris un appartement superbe ; et ce fut pour
le remercier du plus riche ameublement, qu'elle voulut lui faire présent de la porcelaine qui devoit meubler une laiterie qu'il venoit de faire construire à S. G.

# L'ATELIER DES GRACES,

## ROMANCE.

Cette chanson fut faite au milieu d'une troupe de jeunes Dames assemblées chez Mad. la C. de M. et occupées à dessiner : on appeloit cette charmante société, la petite académie de peinture. Ce jour-là Mad. de M. avoit consenti de leur servir de modèle, et étoit assise au bout de la table ; la jeune Comt. de T., mariée depuis peu de jours, arriva et fut présentée sous son nouveau nom à ses anciennes amies : après la peinture on fit de la musique, et je fis cette romance qui fut chantée.

A I R : *Je n'étois encor qu'un enfant.*

### 1.

LES Graces, pour faire un tableau,
Avoient pris les crayons d'Apelle ;
L'Amour détachant son bandeau,
Voulut leur choisir un modèle.

### 2.

Quelle nymphe il leur présenta !
De la beauté c'étoit la reine ;

M ij

La jeune Aglaé (*a*) s'écria :

» Quoi ! c'est Vénus qu'il nous amène.

**3.**

» Quand nos mains formèrent jadis

» Le talisman de sa ceinture,

» Amour, toi-même tu nous dis,

» L'art ne peut rendre sa figure. »

**4.**

Nous voulons peindre le bonheur,

Excuse un projet si bizarre ;

Nos succès te feront honneur,

Et nous aurons un tableau rare.

**5.**

Dans l'atelier parut soudain

La jeune et touchante Emilie :

Lancelot, lui donnant la main,

Disoit tout bas : Qu'elle est jolie !

**6.**

Le Dieu reprit : J'offre à vos yeux

La félicité la plus pure ;

En dessinant l'amour heureux,

Vous la peindrez d'après nature.

(*a*) L'une des Graces.

# *EX VOTO,*

## A MADAME LA M. DE D. ***

Dans le même été 1776, ma fille avoit eu la petite-vérole, et une grêle affreuse avoit détruit mon jardin. Pour une fête que je célébrois tous les ans avec grand plaisir, j'envoyai ces vers et le reste de mes fleurs.

LA grêle a ravagé les fleurs de la prairie ;

Dans mes jardins détruits Vertumne est aux abois;

  Mais ma rose la plus chérie

  Vient d'échapper à la furie

D'un mal qui fait trembler les Belles et les Rois.

  Hélas ! à peine épanouie,

Elle se flétrissoit sous un souffle empesté ;

  Après avoir craint pour sa vie,

  J'allois pleurer sur sa beauté.

  De la Déesse de Cythère

J'osai, dans ma détresse, implorer le secours:

O Vénus ! m'écriai-je, ô bienfaisante mère

  Et des plaisirs et des amours,

M iij

Daigne du monstre affreux, dont je crains les ravages,

    Arrêter les efforts cruels ;

Je couvrirai de fleurs celui de tes autels

    Où tu reçois le plus d'hommages

Et des Dieux de l'Olympe et des simples mortels.

    Mes vœux ont touché la Déesse :

A remplir mes sermens, à tenir ma promesse,

    Aidez-moi, charmante Doris ;

Placez sur votre sein ce qui me reste encore

Des débris échappés au naufrage de Flore,

    Et je suis quitte envers Cypris.

# LE BAISER,

## CHANSON

Sur l'Air : *Je n'étois encor qu'un enfant.*

### 1.

J'AIME à convoiter un baiser,
Lorsque je ne puis y prétendre :
Accordé, je veux y penser ;
Promis, je me plais à l'attendre.

### 2.

Dans l'âge où l'on peut tout oser,
J'en donnois, on m'en laissoit prendre :
Trop heureux qui peut abuser
De la liberté de les rendre !

### 3.

De ce feu qui brûla mes sens,
J'ai senti plus qu'une étincelle ;
Toute l'ardeur de mon printems,
Votre baiser me la rappelle.

4.

Mais je dois économiser
Un bien pour moi devenu rare ;
L'âge où l'on ne peut dépenser,
Et celui qui nous rend avare.

# LA GÉNÉROSITÉ,

## A MADAME LA M. DE L. ***

La Princesse de. . . . se flattoit d'avoir à souper une étrangère très-aimable. La Marquise de L. . . la lui enleva, et reçut, au moment où elle alloit se mettre à table, ces vers avec douze bouteilles de vin de Hongrie.

De l'Evangile un chapitre authentique
Nous prescrit d'envoyer même notre manteau
Au brigand qui nous a volé notre tunique :
Le précepte n'est pas nouveau ,
Mais nouvelle en est la pratique.
Je voulois réunir dans un de nos repas ,
Beauté nouvelle et vieux vin de Hongrie :
De l'une, votre fantaisie
Vient de me voler les appas ;
L'autre, je vous le sacrifie.
Or, maintenant vos convives heureux,
Graces à ma délicatesse,
Peuvent choisir de l'une ou l'autre ivresse,
Ou les puiser toutes les deux ,
L'une dans mes flacons , et l'autre dans ses yeux.

# L'HEUREUX MINISTRE,

*Sur l'Air du Vaudeville d'Epicure.*

### 1.

QUE Dieu m'accorde donc la grace
D'entrer au conseil à mon tour,
Pourvu que sa bonté m'en chasse
Après l'an, le mois, et le jour!
S'il soupe, s'il dort, s'il digère,
Si l'âge ne l'a point glacé,
L'être le plus heureux sur terre,
Est un Ministre déplacé.

### 2.

Rentré dans la route commune
De la sagesse et du bonheur,
Pour lui la plus belle fortune
Est d'avoir perdu sa grandeur:
Assuré de sa destinée,
Il peut donner, loin des ennuis,
A l'amitié toute l'année,
A l'amour encor quelques nuits.

### 3.

Des Dieux la foudre redoutable,
Envoie un coupable aux enfers ;
Celle des Rois, bien plus traitable,
D'un malheureux brise les fers :
Notre sage la remercie,
Et, ne tombant que de son haut,
Il dit : Ma maison est bâtie,
Regretterai-je l'échafaut ?

### 4.

Après un instant de murmure
Contre l'intrigue et sa fureur ,
Aux simples vœux de la nature
Il est forcé d'ouvrir son cœur:
Pour lui la douce jouissance
N'est plus un obscur avenir ;
Et s'il a perdu l'espérance ,
A sa place il met le plaisir.

### 5.

Il aime les fleurs et l'ombrage ;
Il goûte les chants des Bergers ;
Il connoît le prix d'un bocage ,

Et le doux produit des vergers ;
L'astre qui rend le jour au monde
Ne lui promet que des bienfaits ;
Et lorsqu'il se plonge dans l'onde,
Il ne lui laisse aucuns regrets.

### ENVOI.

Ma Muse légère et riante
Fit ces couplets en vous quittant.
Ne croyez pas que je les chante
Chez les Ministres d'à-présent ;
Je ne veux point leur faire envie
D'un bien aujourd'hui si commun ;
Mais s'il leur en prend fantaisie,
Je n'en veux dégoûter aucun.

Ces couplets furent faits le mardi gras 1776, après un dîner très-gai dans lequel je m'étois trouvé à côté d'un Ministre déplacé, que je trouvai beaucoup plus aimable qu'on ne l'avoit vu tant qu'il avoit été en place.

A

# A MADAME LA D. DE **.

Elle avoit trois ans lorsque je devins son meilleur ami : elle m'aima jusqu'à huit, et jamais enfant ne m'a tant frappé par la vivacité comme par la justesse de son esprit, et tant attaché par la droiture de son ame. Je l'avois perdue de vue depuis ce tems-là ; et dans un billet qu'elle eut occasion de m'écrire, ayant à peine 19 ans, elle me parloit de sa vieillesse. Je répondis par ces vers :

A INSI donc cette vieille amie,
  Qui touche à peine à son printems,
  Traite d'erreur et de folie
  Les plaisirs de ses premiers ans.

  Certain berger sexagénaire
Croit à votre raison, croit à votre bonté.
  Vous avez beau dire et beau faire,
Il ne peut croire à votre antiquité.

Eh quoi ! n'êtes-vous plus cette beauté si vive,
  Dont, au parloir de Saint-Denis,
               N

J'admirois la gaîté naïve,
Et dont j'aurois voulu partager les ennuis?

A mon cœur soyez assez bonne,
Vous seriez trop belle à mes yeux ;
C'est beaucoup que je vous pardonne
D'avoir été cinq ans ce que j'aimai le mieux.

Je n'irai point juger si vous êtes encore
Aussi fraîche qu'Hébé, plus vermeille que Flore;
Non, le tems dans ce cœur n'a jamais effacé
Votre figure enchanteresse,
J'adorerai toujours la charmante G** ;
En vous voyant, mon hommage glacé
Respecteroit une Duchesse.

# LE MEUBLE DE TOUS LES JOURS,

## A MADAME LA D. DE ***.

*Vers mis sur une table de nuit d'une nouvelle forme très-jolie, dont Madame sa Fille lui faisoit présent la veille de sa Fête.*

DE tous les dons qu'on vous prépare,

De tous les cadeaux qu'on vous fait,

Voyez près de votre chevet

Le plus modeste et le plus rare.

Tantôt pour des plaisirs bruyans (a),

On va vous demander des applaudissemens ;

Moi je ne veux qu'un tête-à-tête,

Mais je le veux toutes les nuits ;

Et dès aujourd'hui, chère Annette,

A mes vœux vous l'aurez promis.

Je ne vous offre point le brillant assemblage

Ni des talens, ni des beaux arts ;

(a) Ce jour-là même ses enfans lui devoient donner une petite fête.

N ij

Mais le premier de vos regards
Sera tous les matins le prix de mon hommage.
Caché sous vos rideaux, et de votre sommeil
    Témoin discret et solitaire,
J'aurai soin d'épier, dans l'ombre du mystère,
    Les besoins de votre réveil.
    L'Amour envîroit cette place,
    Et rechercheroit mon emploi;
    Mais l'Amour, avec plus d'audace,
    Seroit moins assidu que moi.
Du tendre sentiment dont je suis l'interprète,
J'imite la constance et la fidélité;
    Entre deux draps, ma chère Annette
    Me trouvera toujours à son côté.
J'ai vu fuïr les plaisirs; j'ai vu passer les fêtes;
    J'ai vu s'envoler les Amours:
    L'amitié, par-tout où vous êtes,
    Est un meuble de tous les jours.

# LES TROIS RÈGNES DE B.

Le vieux Plutus, dans ce vallon fertile,
Jadis logea l'Opulence et l'Ennui.
Sottise vint y régner après lui :
Elle est sa fille. Opulence inutile
De ces beaux lieux délogea promptement.
L'Ennui resta ; mais changea d'uniforme,
Et n'en parut que beaucoup plus difforme,
Sous son nouvel et sombre accoutrement.
En longs cheveux, il commande, il promène
Chantres hideux et Sacristains épais,
   De l'imbécille Souveraine
   Tristes, mais effrontés sujets,
   Qui, chantant faux et buvant frais,
Tantôt à table, et tantôt à matines,
Déshonorent le temple, assiégent les cuisines,
   Et salissent tous les bosquets.
Dans leurs roseaux les Naïades plaintives
Craignent jusqu'aux Amours errans et déroutés ;

Et par pudeur les Graces fugitives,
Au fond des bois vont cacher leurs beautés.


Qui l'auroit dit, que le Dieu du Génie,
Le Dieu des talens et des arts,
Dût, quelque jour, du feu de ses regards
Epurer les états de sa vieille ennemie ?
Sottise a disparu, j'ai vu fuir ses sujets ;
D'Apollon qui se montre ils craignent la lumière,
Autant que redouta ses traits
Cet antique serpent dont il purgea la terre.
Dans ce vallon fleuri, sous ces ombrages frais,
J'ai vu s'établir à leur place.
De ce Dieu la brillante cour,
Non celle qui babille et l'ennuie au Parnasse,
Mais celle qui l'attend sur le soir d'un beau jour,
Et qui, près de Thétis, l'amuse et le délasse,
Quand des Cieux il a fait le tour :
Douce raison, touchante grace,
Simples amusemens, modeste et tendre Amour,
Et les arts bienfaisans, et les talens utiles,
Et la bonté naïve, et la franche amitié.

Des sujets dont le Dieu vient peupler ces asiles
Je n'ai pas compté la moitié.
O Santé ! j'aurois dû te nommer la première !
Du bonheur des humains ô bienfaisante mère !
Celui des hôtes de ces lieux
Ne seroit rien sans ta présence.
Rassemble, réunis près d'eux,
Le rire ; le repos, la douce insouciance,
Les jeux, les plaisirs, la gaîté.
Voilà nos médecins ; Princes, qu'ils soient les vôtres,
Qu'ils vous suivent par-tout ; mais n'en ayez point d'autres,
Si vous visez à l'immortalité.

Ces vers furent envoyés à MONSIEUR, frère du
Roi, pendant le séjour qu'il fit avec MADAME dans
sa terre de Br., après sa rougeole, en 1776.

# A MADAME M. ***,

## COUPLET,

En lui présentant un petit chien que je m'étois
donné.

AIR : *Le jour que l'on prend Femme.*

Tu dois, puisque tu m'aime,
Aimer mon chien ;
Pour moi je veux de même
Chérir le tien :
Si l'on est le modèle
Chacun du sien ,
Quel est le plus fidèle ?
Oh ! c'est le mien.

# IM-PROMPTU

## FAIT A LA CAMPAGNE, EN 1778 (*a*).

AIR de la Chercheuse d'Esprit : *Je n'ai pas le pouvoir.*

Nos Dames doivent leurs attraits
A tous leurs grands plumets,
A tous leurs grands plumets :
Nos Seigneurs doivent leurs succès
A leurs petits jacquets ,
A leurs petits jacquets.

(*a*) Je faisois une partie avec des Dames à plumets ; je leur contai qu'en passant près du Pont Neuf, j'avois rencontré le matin un Chansonnier, armé de sa baguette, & montrant sur un tableau des Dames & des chevaux, que je n'avois pu distinguer ; mais j'ajoutai que j'avois parfaitement retenu le refrain de sa Chanson, et je leur chantai ce couplet, qui ne fut point écrit.

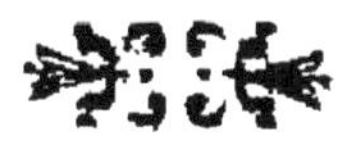

# PORTRAIT DE L'AUTEUR
## ET DE SA FILLE.
## PAR MADAME M**.

Air : *Reveillez-vous, belle endormie.*

Connoissez-vous la différence
De mon Epoux à mon Enfant ?
Pauline a l'air de l'innocence,
Son Père a l'air d'un innocent.

# L'ENNUI,

## A MADAME DE ***,

Sur l'Air : *O ma tendre Musette !*

### 1.

N'ETRE qu'avec soi-même ,
Souhaiter d'être deux ,
Penser à ce qu'on aime
Sans lui dire ses feux ;
Si c'est là ce qu'on nomme
D'une femme l'ennui ,
Oh ! je sens bien qu'un homme
Peut s'ennuyer aussi.

### 2.

Ce fléau de la vie
Ne m'étoit pas connu ;
En t'attendant, Sylvie,
Ce mal-là m'est venu :
De cette connoissance

Je te dis grand - merci :
Mais j'en aurai vengeance :
Et comment ? le voici.

### 3.

Je chanterai tes charmes
D'un ton si langoureux ;
Je te rendrai les armes
D'un air si malheureux ;
Et par un soin si tendre
J'exprimerai l'amour ,
Que je saurai te rendre
L'ennui de l'autre jour.

A

# A M^me LA COMTESSE D **,

## Sur un Air connu.

Cette chanson fut faite avec une des meilleures amies de la personne, à qui elle l'envoya : elle a pour objet plusieurs plaisanteries de société, qui les amusoient alors l'une et l'autre.

### 1.

BELLE D. ** quand tu partis
Pour aller courir le pays,
Chacun prit le deuil à Cythère.

 Laire la,

 Laire lanlaire,

 Laire la,

 Laire lanla.

### 2.

A N. *** ils sont envolés
Ces petits conquérans ailés,
Qui par-tout ne te quittent guère,

 Laire la, &c.

O

**3.**

Ils logent à L'****,

Et l'un d'eux même s'est niché

Dans la tête d'un grand vicaire.

Laire la, &c.

**4.**

Soudain du Poëte gascon

L'Amour devenu l'Apollon,

En a fait un nouvel Homère.

Laire la, &c.

**5.**

Si sur chacun de tes amans

De vers il eût fait quinze cents,

Nous aurions l'Iliade entière.

Laire la, &c.

**6.**

De ceux qui, craintifs ou discrets,

N'ont jamais dit leurs feux secrets,

Liste seroit trop longue à faire.

Laire la, &c.

**7.**

Pour vous qui contez vos amours,

D. * * vous laissera toujours

D'espoir une dose légère.

Laire la, &c.

8.

Sans trop redouter ses rigueurs,

Sans trop prétendre à ses faveurs,

Vivez tous de votre chimère.

Laire la, &c.

9.

Mais malgré ses tendres projets,

E. * * * ne sera jamais

Que le cousin de la bergère.

Laire la, &c.

10.

Des autres je parlerois bien ;

Mais si celui-là n'obtient rien,

Je ne crois pas qu'aucun espère.

Laire la, &c.

11.

D. ** tu prends le bon parti ;

Dès qu'on aime on est asservi,

Mais on règne tant qu'on sait plaire.

Laire la, &c.

O ij

# LA CHANSON DU BAILLI,

A M^me LA DUC^sse DE C. ** Juillet 1778.

*Sur un air connu.*

### 1.

Je suis un Bailli du vieux tems,
Sur de vieux airs toujours je chante ;
Et si vous n'aviez que trente ans,
Je vous trouverois moins touchante :
Mon pauvre cœur n'a point vieilli,
   Fiez - vous - y, fiez - vous - y.

### 2.

Vous venez, dit-on, d'un pays
Où de rire on n'a point envie ;
Et je mentirai, si je dis
Que les plaisirs vous ont suivie :
Mais ils vous attendent ici,
   Fiez - vous - y, fiez - vous - y.

### 3.

Sur le gazon, sur les guérets,

Vous allez voir votre famille
De Cupidon lançant les traits ,
De Cérès tenant la faucille:
Ma foi vivent ces vieux outils !
   Fiez-vous-y, fiez-vous-y.

4.

La nature suivant les tems
Règle les travaux qu'elle ordonne;
Et si l'Amour sème au printems,
En été l'Amitié moissonne :
Après les fleurs viennent les fruits,
   Fiez-vous-y, fiez-vous-y.

5.

On doit vous présenter encor
Un habitant de ce village;
C'est un des preux du siècle d'or,
Son ancien nom est Bon-ménage :
Il ressemble à votre mari ,
   Fiez-vous-y, fiez-vous-y.

6.

De vrais amis, de bons enfans ,
Voilà tous les plaisirs d'Annette;

O iij

Rendre tous ses vassaux contens,

C'est le total de sa recete;

Elle en a chargé son Bailli,

Fiez - vous - y, fiez - vous - y.

Cette chanson fut encore faite pour une de ces petites fêtes domestiques, que j'ai vu tous les ans célébrer dans une maison qui, à la Cour, a toujours conservé les seuls plaisirs qui vaillent quelque chose dans ce pays-là, ceux que l'on goûte dans le sein d'une famille unie. Un grand jardin à la porte de Versailles, y étoit devenu une ferme. Le mari, les enfans, les amis et les amies étoient devenus jardiniers, moissonneurs, gens de campagne. Les uns arrosoient des fleurs, les autres bêchoient un parterre, les autres étendoient le foin de la prairie. J'avois l'honneur d'être le bailli du village; et chacun, avec ses outils à la main, vint recevoir la dame du château. Le spectacle de cette journée fut si touchant, que je ne pus repousser le couplet suivant, qui me vint sur le soir.

# A LA MÊME,

AIR de Jephté : *Nous vivons dans l'innocence.*

SUR une famille chère

J'ai vu vos yeux attendris;

De ce doux regard de mère
Mon cœur connoît tout le prix :
Mais je sais bien qu'à Cythère
L'Amour s'y seroit mépris.

C'est dans une de ces petites fêtes, que j'ai vu la famille réunie conduire sa mère, en répétant à haute voix, sur l'air de la marche des Samnites, qu'accompagnoit une très-bonne musique,

LIBERTÉ

Et gaîté

Doivent, dans notre ménage,

Dicter l'hommage

Qu'on offre à la bonté :

Nous célébrons sa fête ;

Ecoute nos accens,

Et tu n'entendras, Annette,

Que tes amis et tes enfans.

Je n'oublierai point que la Reine ayant voulu une fois honorer, par quelques momens de sa présence, ces jeux de famille, il survint un orage si violent, que Sa Majesté fut obligée de quitter une petite salle de spectacle trop découverte, où on étoit sur le point de jouer le Proverbe du *Seigneur Auteur*; le tems qu'elle employa à passer dans une autre salle me laissa le moment de fournir aux Acteurs le couplet suivant, qui se lia très-naturellement à la pièce, dans laquelle le Seigneur croit composer tout ce qu'on lui suggère.

D***, le ciel vous seconde,

Tout favorise vos desirs;

En vain sur nous la foudre gronde,

Rien ne troublera vos plaisirs:

Contemplez votre Souveraine,

François, laissez mugir les vents;

Et dans les regards de la Reine

Vous retrouverez le beau tems.

# LE PREMIER MOUVEMENT,

## COUPLETS

Faits le lendemain de la nouvelle du combat
d'Ouessant.

AIR : *Reçois dans ton galetas.*

1.

SERA-T-IL fille ou garçon,

Cet enfant cher à la France,

Qui, bientôt, d'un roi si bon

Fera la plus douce espérance ?

Oh ! tenez, j'en suis certain (*a*),

C'est un Dauphin, c'est un Dauphin. *bis.*

2.

Sous ce tant joli corset

Quand on pense qu'il repose,

(*a*) Tout le monde le répéta comme moi. Il est na-
turel à l'homme de prendre son vœu pour une prédiction ; mais le pressentiment ne sera pas toujours
trompé.

Du premier saut qu'il a fait

Chacun a deviné la cause :

Oh ! tenez, j'en suis certain,

C'est un Dauphin, c'est un Dauphin.    *bis.*

### 3.

Sa Maman l'a reconnu

A son instinct pour la gloire ;

Dans ses flancs il s'est ému

Aux premiers cris de la victoire !

Oh ! tenez, j'en suis certain,

C'est un Dauphin, c'est un Dauphin.    *bis.*

# LE DÉPART POUR L'EMBARQUEMENT;

## CHANSON POUR RIRE,

### SUR UN AIR QUI FAIT PLEURER.

Air : *Mon beau Tristan, mon cher Tristan.*

**1.**

ILS vont partir pour l'Angleterre,
Ces preux guerriers, ces beaux amans:
Présens, nous ne les fêtions guère ;
Nous allons les pleurer absens ;
Et nous dirons, pendant la guerre ,
( Car sans doute ils seront constans )
Les pauvres gens ! les bonnes gens !

**2.**

Leurs tendres vœux nous faisoient rire ;
Et jamais un seul grand-merci
Ne paya leur brûlant martyre :
Nous pouvons nous vanter aussi
Qu'ils nous aimoient jusqu'au délire,

Et nous comptons sur leurs sermens !
Les pauvres gens ! les bonnes gens !

3.

Qu'au moins nos portes soient ouvertes
A leurs plus fidèles amis ;
Ils nous rappelleront nos pertes ;
Ils adouciront nos ennuis :
Pour vouloir nous consoler, certes
Ils chérissent trop les absens :
Les pauvres gens ! les bonnes gens !

Ces couplets furent faits au nom de quelques femmes de notre société, et demandés par l'une d'elles.

ÉNIGME

# ÉNIGME

FAITE DANS UNE ORANGERIE A Es.

*En 1779.*

Au masculin je suis cet antre redouté,
Où dort cette divinité
Que le peuple appelle Justice ;
Au féminin , germe heureux et propice ,
J'annonce la fécondité :
Des plaideurs au palais la foule m'environne ;
Le jardinier m'observe en ses vergers chéris :
J'ai souvent ruiné les sujets de Thémis,
Mais j'enrichis ceux de Pomone.

P

# A MADAME LA D. DE ***,

# CHANSON PAYSANE,

Sur l'Air : *Reçois dans ton galetas.*

### 1.

Nous faut chanter, s'il vous plaît,
De ce logis la maîtresse :
A la bon' min' qu'al' nous fait,
On n' croiroit pas qu'al' est Duchesse ;
Comme aux grands al' dit aux p'tits :
Allons, soyons gais, mes amis.        *bis.*

### 2.

Messieurs, nous vous chanterions
Mille couplets à sa gloire ,
Si sti qui fit nos chansons,
Eût tant seul'ment fait son histoire :
Faut pourtant vous en dire ici
Queuqu' p'tits morceaux en raccourci. *bis.*

### 3.

Al' eut d'bonheur' des attraits,

D'la raison, de la sagesse ;
Mais il l'y vint par après
Et des châtiaux et d'la richesse :
Tout ça fut pour son ami
Monsieur d' L. M.        *bis.*

4.

Pour commencer avec lui ,
Al' mit d'abord en ménage
Complaisance et bon esprit :
Ç'a fait attendre un héritage ;
Mais le bonheur étoit là
Quand la fortune en approcha.        *bis.*

5.

Par-ci, par-là , son époux
Lui fit, dit-on, queuqu' fredaine :
Dame ! al' eût pu, voyez-vous ,
Vous les lui rendre à la douzaine,
Al' en avoit le moyen ;
Et stampandant al' n'en fit rien.     *bis.*

6.

Oh ! dam' faut entendre aussi
Tout c' qu'il dit à sa louange :

P ij

Terres là , châteaux ici;

Et par dessus ça c'est un ange:

Al' est heureuse avec moi ,

Ni pus ni moins qu'la femm' d'un Roi. *bis.*

### 7.

Al' imagine un bienfait ,

Sans en rien dire à personne :

Dieu d'abord a le secret

De c'qu'alle fait, de c'qu'alle donne;

Et puis quand on me l'apprend,

Je dis, j'en aurois fait autant.      *bis.*

### 8.

A tout c'que dit son époux,

J'pourrions ajouter encore:

J'chanterions, en doutez-vous?

Mille qualités qu'il ignore:

Mais j'voyons qu'al' bâil' déja;

Disons donc vîte *et cætera.*      *bis.*

Ces couplets furent chantés dans une petite fête à Es. par plusieurs amis de la maison , déguisés en Paysans , à la tête desquels étoit un marchand de chansons.

# A UNE FEMME

## TRÈS-AIMABLE ET TRÈS-MALHEUREUSE,

*En lui envoyant une tasse de Porcelaine
de Sèves.*

JE voudrois vous offrir la coupe du bonheur;
    Comme ce vase, elle est fragile.
    Jupiter ne fit que d'argile
    Tous les appuis de notre cœur:
Mais il mêla deux gouttes d'ambrosie
    Dans la tasse de l'amitié,
    Et les répandit par pitié
    Sur l'absinthe de notre vie.

# JEANNOT,

## ETRENNE A MADAME DE ***,

### *1780.*

Voici Jeannot : n'a-t-il pas l'air de rire
Des gens de bien que vous avez séduits?
Sans me compter, j'en connois plus de dix,
Qui, redoutant l'amour et son délire,
Tout simplement se sont crus vos amis.

　　Hélas ! qu'ils sondent les replis
　　De leur pauvre cœur qui soupire ;
　　Avec Jeannot ils pourront dire,
　　*C'en est*, et je m'étois mépris.

# CALEMBOURG

*A une Femme très-aimable, qui, en sortant d'un très-beau Sermon dont elle avoit retenu la plus grande partie, en répétoit sans cesse cette phrase qui l'avoit frappée :* Adorez, & taisez-vous.

JE n'ai point entendu ce redoutable père,
Ce fléau des amans qui vous crioient merci ;
Mais je veux, près de vous, *adorer & me taire :*
Et c'est un BEAU REGARD qui me l'a dit aussi.

# A M. ET MADAME DE ***

## SUR LEUR MARIAGE,

# ROMANCE.

### AIR : *d'Alix & d'Alexis.*

ENFIN ils touchent au rivage,
Ces deux amans :
Mais leur pénible et long voyage
Dura dix ans (*a*) ;
Leur barque souvent fit naufrage,
Point n'échoua :
Au port ce fut un vent d'orage
Qui les poussa.

2.

Portez, époux, les douces chaînes
Qu'hymen forma ;
Mais n'oubliez jamais les peines
Qu'amour causa :

(*a*) Ce mariage, après dix ans d'une inclination mutuelle, avoit été retardé par une foule d'obstacles, & fut le prix d'une constance à l'épreuve.

Des maux garder la souvenance,
N'est pas souffrir ;
Et se rappeler sa constance,
C'est en jouir.

3.

Amans, voulez-vous qu'on couronne
Vos tendres vœux ?
Suivez l'exemple que vous donne
Ce couple heureux ;
Modérez l'ardeur qui vous presse,
Soyez constans :
Le bonheur, comme la sagesse,
Marche à pas lents.

4.

Et vous, dont la pitié séduite
Craindroit de voir
L'âme d'un pauvre amant réduite
Au désespoir,
Femmes de bien, faites attendre
Tous ces gens-là :
Ils diront tous, je vais me pendre,
Nul n'en mourra.

# LES DEUX PEINTRES,
## VERS

*A l'occasion du présent que Sa Majesté daigna me faire de son portrait, au mois de janvier dernier.*

Aux Belles quand j'offris les fleurs de mon printem
Leur sourire parfois agréa mon encens,
Mais jamais leur portrait ne paya mon hommage (*a*).
     De mes plus austères écrits,
Celui que je reçois est aujourd'hui le prix.
     O toi ! noble et touchante image

(*a*) On se doute bien que ce portrait ne me fut point donné pour mes Chansons, mais il m'arriva au moment où je finissois de les arranger. Dans l'enthousiasme de ma reconnoissance, j'écrivis ces vers, qui n'ont été vus que de peu de personnes, et que je n'ai eu garde de faire présenter au Roi : la pensée par laquelle ils commencent, & qui me vint en effet la première, m'a donné l'idée de les insérer dans ce Recueil.

D'un Roi que je n'ai point flatté,
Bienfait que mon cœur enchanté
Préfère aux richesses du Tage,
Comme aux faveurs de la beauté;
Tu m'as déja rendu mon antique gaîté,
Tu vas encore accroître mon courage.
Non : ce n'est plus par d'inutiles chants
Que je dois célébrer ton auguste modèle;
De mes travaux et de mon tems
Je lui dois un compte fidèle.
O Sicardi ! je veux faire encore mieux que toi :
Tu peignis l'homme, et je peindrai le Roi.
Pour finir cette miniature,
Il te fallut, dit-on, l'attraper en courant;
Je veux que son portrait en grand
Soit par mes mains tracé d'après nature.
Je n'aurai pas besoin d'épier les instans,
Ni de saisir un trait qui fuit et qui s'efface :
Sans s'en douter, tous les jours il se place
Dans l'attitude où je l'attends.

Pour me mettre en état de commencer l'ouvrage,
Je lui donnois encor dix ans :

C'étoit moins que rien pour son âge,

C'étoit trop pour mes cheveux blancs.

Je le vois prévenir mes vœux impatiens;

Et j'apperçois déja la Gloire

Qui d'un coup d'œil semble dire à l'Histoire,

Prends ton pinceau, commence, il en est tems.

## FIN.

# A PARIS,

## DE L'IMPRIMERIE DE MONSIEUR,

Sous la direction de P. Fr. Didot le jeune. 1781.